A Crash Course in Chinese as a Foreign Language

对外汉语速成系列教材

Easy Learning Chinese

乐学汉语

基础篇 · 第二册 Basic Course 2

主　编　鹿钦佞

副主编　李青　姚远

编　者　李青　何敏　边卫花　芦敬　姚远　鹿钦佞

译　者　张昕雨　叶晨

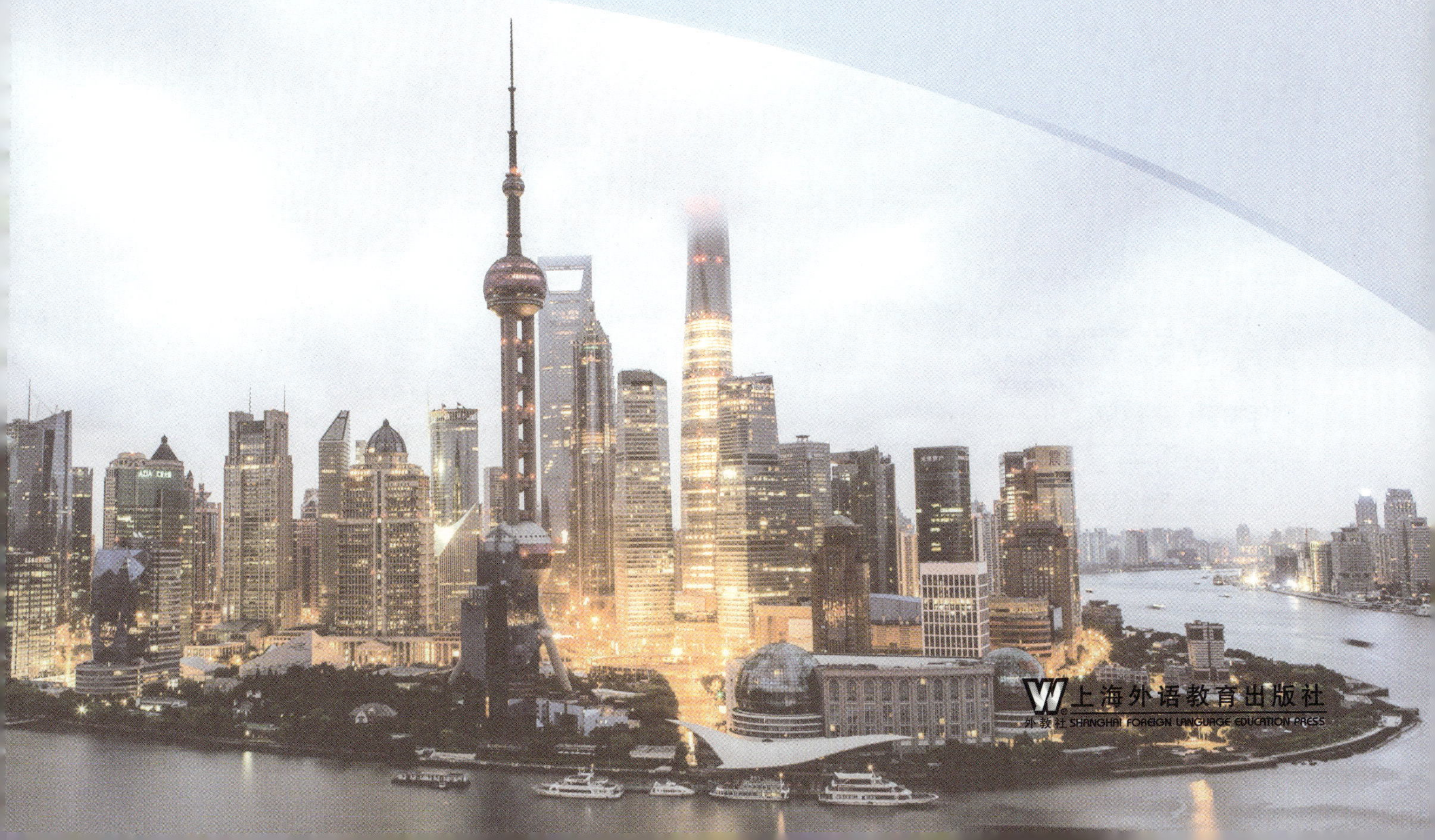

上海外语教育出版社
外教社 SHANGHAI FOREIGN LANGUAGE EDUCATION PRESS

图书在版编目（ＣＩＰ）数据

乐学汉语. 基础篇. 第2册 / 鹿钦佞主编. -- 上海：
上海外语教育出版社, 2017 (2024重印)
　对外汉语速成系列教材
　ISBN 978-7-5446-4948-3

Ⅰ. ①乐… Ⅱ. ①鹿… Ⅲ. ①汉语－对外汉语
教学－教材　Ⅳ. ①H195.4

中国版本图书馆CIP数据核字（2017）第126021号

出版发行：**上海外语教育出版社**
　　　　　　（上海外国语大学内）　邮编：200083
电　　话：021-65425300（总机）
电子邮箱：bookinfo@sflep.com.cn
网　　址：http://www.sflep.com
责任编辑：李振荣

印　　刷：上海景条印刷有限公司
开　　本：890×1240　1/16　印张14　字数344千字
版　　次：2017 年 7月第 1版　2024 年 6月第 4次印刷

书　　号：ISBN 978-7-5446-4948-3 / H · 2185
定　　价：55.00 元

本版图书如有印装质量问题, 可向本社调换
质量服务热线：4008-213-263

前言 Preface

《对外汉语速成系列教材·乐学汉语》（*A Crash Course in Chinese as a Foreign Language · Easy Learning Chinese*）共8册（基础篇1-4册（Basic Course 1-4），进阶篇1-4册（Advanced Course 1-4）），每册15课。本教材既适合于作为短期汉语口语速成教学教材，也可作为以一学期为单位的长期汉语进修生的口语训练教材，使用本教材的教学单位可以根据实际需要来选择。其中，基础篇第1册适用对象是零起点的汉语初学者，进阶篇第1册适用对象是HSK4级及以上学习者。

本教材节奏明快，讲、学、练紧密结合，可以让学习者在短期内取得明显的进步，特别是在口语表达和听力理解两个方面达到速成的目标。书写与认读方面，教材坚持抓大放小，实事求是，兼顾基础与提高。

一、教材的体例

1. 热身准备（Warming-up）：通过看、听、问、答等方式来对本课训练的主要功能项进行课前预备。

2. 会话（Dialogues）：主课文以简明实用的对话为主，后期也加入了一些短文。基础篇1-4册主课文（会话）全部配有汉语拼音和外文翻译。为体现教材清晰、明快的特色，每一课不列总生词表，而是在每一段对话之下配该段的生词表。词汇的呈现方式不单单以词汇学意义上的词汇为单位，同时也关照了韵律词汇和心理词汇。

3. 注释（Notes）：注释是对非本课重点的语法、词汇和文化常识所做的说明。

4. 语法讲练（Grammar）：语法部分"讲"得少而"练"得多，旨在让学生通过练习和观察，运用认知能力来自觉总结语法规则；语法讲练注重句法、语义和语用的结合，使学生能够正确地理解和运用。

5. 会话实践（Dialogue practices）：这部分其实是主课文（会话）的延伸，通过回答问题、课文练习、活学活用等环节对主课文中的核心句进行反复训练，达到熟能生巧的目的。

6. 练习（Exercises）：对本课的功能项、话题所需要掌握的词、句和表达方式进行集中练习。练习题目形式多样，题量适中，兼顾各种语言要素和语言技能，真正体现精讲多练的原则。

7. 拓展（Advanced practices）：旨在鼓励学生根据不同情境对本课乃至之前所学词汇、语言表达等进行创造性重组，并综合性运用。温故知新，融会贯通，分享超越，从而顺利将学习内容从课堂延伸至社会生活。

二、教材的特色

本教材有以下五个方面的特色。

第一，教材的编写严格依据《国际汉语教学通用课程大纲》《对外汉语汉字与词汇等级大纲》《对外汉语语法大纲》《HSK大纲（词汇、语法）》《欧洲语言共同参考框架》等纲领性文件，在功能确定、话题选择、词汇和语法项目的选取和复现等方面广泛参考当前的研究成果；基于短期教学的特点，教材兼顾输入和输出，注重语法、词汇和功能项以滚动、螺旋状方式上升，特别强调学习规律。基础篇1-4册完全覆盖HSK三级的功能、语法和词汇要求，并覆盖部分HSK四级的内容；进阶篇1-4册完全覆盖HSK五级的功能、语法和词汇要求，并覆盖部分HSK六级的内容。每册设置15个话题，功能项20个左右，常用词汇300个左右，语法30条左右。

第二，本教材极具时代性，十分关注当代中国的语言和文化动态，同时在生活场景的选取上特别注意上海和江南地区的地方特色。教材对社会生活中出现的新现象、对学生迫切需要掌握的时代语言尤为关注，通过前期调研，充分掌握学生需求，对一些新词汇、新表达（例如APP点餐、电话约车、网络订票等）、新颖而重要的功能项目作全面的整理和精心的设计，必要时教材会增加辅助的网络或者手机客户端的操练内容，增强教材的多模态性。课文内容轻松活泼，篇幅短小、内容新颖活泼，并融入了当代中国年轻人的微信社交、网络订餐等生活元素，富有时代，感符合现代人的生活趣味，有助于学生在轻松的课堂氛围下高效地开展各种学习活动。

第三，本教材强调实用，在语言风格上追求原汁原味、自然平实的口语表达。教材设计将课文内容与学生可能遇到的各种生活情境相关联，并关注到学生在华期间的出行、社交、娱乐、购物等应急之需。利用目的语环境，将课堂拓展到社会，力求将课堂与社区、社会打通，课堂所学可以马上运用到课下，可以最大程度地帮助学生将所学迁移到真实社会场景中，真正贯彻学以致用的原则；教材中短小实用的句子可以有效激发学生开口说汉语的愿望，提高他们使用汉语的自信。此外，基础篇1-4册还为生词和主课文（会话）标注了英语翻译及功能分类，以方便学生在需要时，可以迅速找到合适、有用的句子。

第四，编写时充分考虑到了教师的教学设计，对于教学过程、教学环节、教学内容、操练方法、拓展训练内容和模式均进行了充分的设计。一切设计围绕学生的训练进行，一切设计服务于课堂教学。对于教师来说，使用本教材极易上手，它完全以学生为中心，教材内容体现了教学内容和教学设计，给授课教师大大节约了备课时间，同时也给教师留足了发挥的余地和收放的空间。

第五，本教材以功能为主线，兼顾语言结构。首先确定学生务必掌握的功能项，在此基础上选择必要的、学生可能感兴趣的话题，最后根据话题的需要，在多种大纲的指导下确定语法和词汇项，最后编制主课文（会话）。教材会根据功能、词汇与语法项目复杂度与难度的不同进行升级式复现。如前面出现了"服务员"，后面会出现更通行的"帅哥""美女"；在学习过"你好"的问候方式的之后，还要学会更多的"明知故问"型的、地道的中国式表达。

三、使用建议

第一，本教材建议课时为：每课4-5课时，每册教学共需约60课时。

第二，教师是课堂活动的组织者，一定要利用、创造各种机会让学生进行言语操练。特别是主课文（会话）教学，教师应当紧紧围绕核心句的理解和表达、语义和语用、语言风格与人物个性等多个角度进行讲练。通过会话实践、练习和拓展等环节，帮助学生掌握课文中的词汇、语法与功能表达。

第三，教材的编写体例已经充分考虑了教学设计，教师完全可以跟着教材的内容次序来开展教学。教师的主观能动性主要体现在主课文讲练中活动的安排上，对词汇或语法内容无需扩充，把握课文重点即可。当然，若学生学有余力，教师不妨围绕话题与功能，再增加其他形式的语言操练活动。

鹿钦佞
2017年4月

目录 Contents

1

Wǒmen dōu zài Shànghǎi xué Hànyǔ

我们都在上海学汉语

1. 相识和介绍
Meeting and Introducing

2. 问原因
Asking for Reasons

热身准备 Warming-up

 1. 做一个自我介绍。Introduce yourself.

 2. 介绍一个同学或朋友。Introduce a classmate or friend.

 3. 说说你为什么学习汉语。Tell the reasons why you learn Chinese.

会话 Dialogue

 **Dialogue 1**

安娜：杰克，你认识 不 认识 那个人？
Ānnà:　Jiékè,　nǐ rènshi bú rènshi nà ge rén?

杰克：不认识。她 是 谁？
Jiékè:　Bú rènshi. Tā shì shuí?

安娜：她是我的 新 同屋，我 给 你们
Ānnà:　Tā shì wǒde xīn tóngwū, wǒ gěi nǐmen
　　　介绍 一下。
　　　jièshào yí xià.
……

安娜：玉美，这是 我的 同学。杰克，
Ānnà:　Yùměi,　zhè shì wǒde tóngxué. Jiékè,
　　　这 是 我的 新 同屋。
　　　zhè shì wǒde xīn tóngwū.

Anna: Jack, do you know that girl?

Jack: No, I don't. Who is she?

Anna: She is my new roommate. Let me introduce.

…

Anna: Hi, Yumei, this is my classmate. Jack, this is my new roommate.

黄　玉美：你 好! 我 姓　黄，叫 黄
Huáng Yùměi:　Nǐ hǎo! Wǒ xìng Huáng, jiào Huáng
　　　　　　玉美。
　　　　　　Yùměi.

杰克：你 好! 你 是 哪 国 人?
Jiékè:　Nǐ hǎo!　Nǐ shì nǎ guó rén?

黄　玉美：我 是 泰国人。你 是 不 是
Huáng Yùměi: Wǒ shì Tàiguórén.　Nǐ shì bu shì
　　　　　　美国人?
　　　　　　Měiguórén?

杰克：我 不 是　美国人，是 澳大利亚人。
Jiékè:　Wǒ bú shì Měiguórén, shì　Àodàlìyàrén.
　　　　你 在 哪 个 班 学习?
　　　　Nǐ zài nǎ ge bān xuéxí?

黄　玉美：我 是 一 班 的　学生，
Huáng Yùměi: Wǒ shì yī bān de xuésheng,
　　　　　　在 305 教室　上 课。
　　　　　　zài 305 jiàoshì shàng kè.

杰克：你 有 没 有　微信? 我 和　朋友　们
Jiékè:　Nǐ yǒu méi yǒu wēixìn? Wǒ hé péngyou men
　　　　都 喜欢 发 微信，很　方便。
　　　　dōu xǐhuan fā wēixìn,　hěn fāngbiàn.

Huang Yumei: Hi! My surname is Huang and my name is Huang Yumei.

Jack: Hi! Which country are you from?

Huang Yumei: I'm Thai. Are you American?

Jack: I'm not American, I'm Australian. Which class are you in?

Huang Yumei: I'm in Class One. We have classes in Room 305.

Jack: Can I add you on We-chat? My friends and I all like to use We-chat. It is very convenient.

黄　玉美：有。我的 手机 号 也是
Huáng Yùměi: Yǒu. Wǒde shǒujī hào yě shì
　　　　微信 号，你 加 一下 吧。
　　　　wēixìn hào. Nǐ jiā yí xià ba.

Huang Yumei: Sure. My We-chat number is also my phone number. You can add it.

杰克：好 的，谢谢。
Jiékè: Hǎo de. Xièxie!

Jack: OK. Thanks!

1. 班	bān	名 (n.)	class
2. 发	fā	动 (v.)	to send
3. 方便	fāngbiàn	形 (adj.)	convenient

对话2 Dialogue 2

杰克：玉美，你 忙 不 忙？
Jiékè: Yùměi, nǐ máng bu máng?

Jack: Yumei, are you busy now?

黄　玉美：我 刚 来 上海，所以
Huáng Yùměi: Wǒ gāng lái Shànghǎi, suǒyǐ
　　　　有点儿 忙。
　　　　yǒudiǎnr máng.

Huang Yumei: Because I just came to Shanghai, I'm kind of busy.

杰克：你 为什么 学 汉语？
Jiékè: Nǐ wèishénme xué Hànyǔ?

Jack: Why do you learn Chinese?

黄　玉美：因为 我 爸爸 妈妈 都
Huáng Yùměi: Yīnwèi wǒ bàba māma dōu
　　　　是 华人，他们 希望 我
　　　　shì Huárén, tāmen xīwàng wǒ
　　　　可以 说 汉语，所以 我
　　　　kěyǐ shuō Hànyǔ, suǒyǐ wǒ
　　　　学 汉语。你 呢？
　　　　xué Hànyǔ. Nǐ ne?

Huang Yumei: Because my parents are both Thai-Chinese, and they hope I can speak Chinese. That's why I learn Chinese. And you?

杰克：我 在 大学 学习 汉语 专业，
Jiékè: Wǒ zài dàxué xuéxí Hànyǔ zhuānyè,
　　　我 想 当 翻译。
　　　wǒ xiǎng dāng fānyì.

Jack: I study Chinese at my university, and I want to be a translator.

黄　玉美：汉语 很 有用，也 很 有意思。
Huáng Yùměi: Hànyǔ hěn yǒuyòng, yě hěn yǒuyìsi.

Huang Yumei: Chinese is very useful and interesting.

杰克：对。玉美，很 高兴 认识 你。
Jiékè: Duì. Yùměi, hěn gāoxìng rènshi nǐ.

黄　玉美：认识 你，我 也 很 高兴。
Huáng Yùměi: Rènshi nǐ,　wǒ yě hěn gāoxìng.

杰克：现在 我们 都 在 上海 学
Jiékè: Xiànzài wǒmen dōu zài Shànghǎi xué
汉语。能 提高 汉语 水平，还
Hànyǔ. Néng tígāo Hànyǔ shuǐpíng, hái
能 认识 新 朋友。太 好 了!
néng rènshi xīn péngyou. Tài hǎo le!

Jack: Yes, Yumei. I'm very glad to meet you.

Huang Yumei: I'm very glad to meet you, too.

Jack: Now we're all learning Chinese in Shanghai. We can both improve our Chinese and make new friends. So great!

4.刚	gāng	副 (adv.)	just
5.为什么	wèishénme	代 (pron.)	why
6.因为	yīnwèi	连 (conj.)	because
所以	suǒyǐ	连 (conj.)	so, therefore
7.华人	huárén	名 (n.)	Chinese
8.希望	xīwàng	动 (v.)	to hope
9.专业	zhuānyè	名 (n.)	major
10.当	dāng	动 (v.)	to be; to work as
11.翻译	fānyì	名 (n.)	translator; interpreter
		动 (v.)	to translate; to interpret
12.有用	yǒuyòng	形 (adj.)	useful
13.能	néng	助动 (aux.)	can, be able to
14.提高	tígāo	动 (v.)	to improve
15.水平	shuǐpíng	名 (n.)	level

专有名词 Proper nouns：

1.泰国	Tàiguó	Thailand
2.澳大利亚	Àodàlìyà	Australia

注释 Notes

1. 我给你们介绍一下。Let me introduce.

介词"给"表示动作行为的对象或受益者。

The preposition "给" indicates the receiver or beneficiary of an act.

2. 我们能提高汉语水平，还能认识新朋友。We can both improve our Chinese and make new friends.

"还"表示补充说明。

"还" indicates the supplementary explanations.

 语法讲练 Grammar

1. 正反疑问句 The affirmative-negative question:

谓语动词或形容词的肯定式与否定式并列起来构成正反疑问句。形式是"adj不adj"，"V不V+(object)"。动词"有"的形式是"有没有"。

An affirmative-negative question is one in which the affirmative and negative forms of verb or adjective of the predicate are paralleled. The form is "adj不adj" or "V不V+ (object)". For the verb "有", the form of this kind of question is "有没有".

例句：

（1）汉语难不难？

（2）你来不来？

（3）你认识不认识她？

（4）你有没有微信？

选择填空并回答 Choose and fill in the blanks and then answer:

（1）你＿＿＿＿＿＿＿＿＿＿电邮？

（2）你哥哥＿＿＿＿＿＿＿＿＿？

（3）你的课＿＿＿＿＿＿＿＿＿？

（4）你＿＿＿＿＿＿＿＿＿李老师？

2. 因为……所以…… because... (so/therefore...):

"因为……所以……"连接一个因果复句。"因为"表示原因，"所以"表示结果。"因为"和"所以"也可以单独使用。

例如：

"因为……所以……" links a cause-effect complex sentence. "因为" tells the cause and "所以" tells the result. Both "因为" and "所以" can be used separately, e.g.

例句：

（1）因为我爸妈希望我会说汉语，所以我学习汉语。

（2）他是我的同学，所以我认识他。

连线组句 Match to make sentences：

因为	所以
他很困	我学习汉语
汉语很有用	我想吃
这个菜很好吃	喝咖啡

 会话实践 Dialogue practice

1. 根据课文内容回答问题 Answer the questions according to the texts:

对话1：

（1）杰克认识不认识黄玉美？

（2）安娜认识她吗？为什么？

（3）黄玉美是哪国人？杰克呢？

（4）黄玉美在哪个班学习？

（5）她有没有微信？

（6）为什么杰克喜欢发微信？

对话2：

（1）黄玉美忙不忙？为什么？

（2）她为什么学习汉语？

（3）杰克为什么学汉语？

（4）现在他们都在哪儿学汉语？

（5）为什么杰克说"太好了"？

2. 分角色表演课文对话

Memorize the dialogues and make a role play with your partners:

3. 活学活用

Make a similar dialogue based on the information given and present it in class:

分组讨论以下问题 Discuss the following questions in groups:

（1）你认识不认识那个人？

我认识，他/她是我的_____。

朋友　　老师　　同学　　同屋　　同事（tóngshì, colleague）

（2）现在你在哪个大学/学校学汉语？

现在我在_____学汉语。

（3）你在哪个班学习？

我是_____班的学生，在_____教室上课。

（4）你为什么学汉语？

因为_____，所以我学汉语。

A. 我在大学的专业是汉语

B. 我爸妈希望我可以说汉语

C. 汉语很有意思

D. 我喜欢中国文化（wénhuà, culture）

E. ＿＿＿＿＿＿＿＿＿＿＿＿＿＿＿＿

（5）你有没有微信？

我有微信，我的微信号是＿＿＿＿＿＿＿＿＿＿＿＿＿＿＿。

如果你还没有微信，

· 试着下载一个微信APP

· 请老师简单介绍一下微信注册
界面，并在老师的指导下注册
一个微信账号，注册好之后说说
你的微信号和微信名。

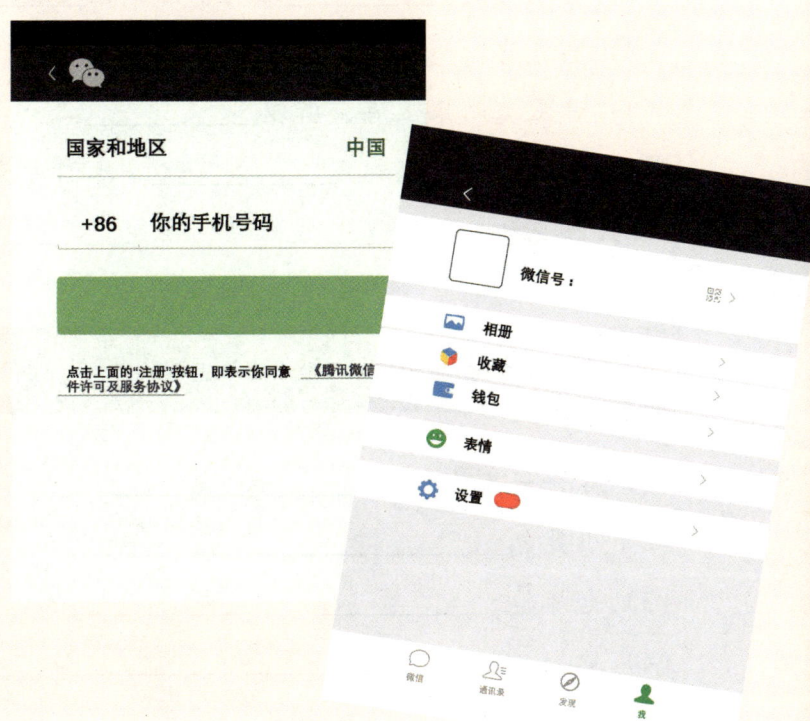

根据讨论的内容，模仿课文做一个对话并进行表演。建议包括以下词语和句子：
Make a dialogue similar to the texts according to your discussion and then
perform it. The following words and sentences can be included:
（1）你认识不认识他/她？

（2）我给你们介绍一下。

（3）你为什么学习汉语？

（4）你在哪个班学习？

（5）因为……所以……

练习 Exercises

1. 根据课文内容说出完整的句子 Say sentences according to the dialogues:

（1）黄玉美是安娜的_____，杰克_____她。

（2）黄玉美是_____班的学生，在_____上课。

（3）杰克喜欢_____，因为_____。

（4）黄玉美刚来上海，所以_____。

（5）黄玉美的爸妈都是_____，他们希望_____，所以她学汉语。

（6）杰克的_____是汉语，他想_____。

2. 用所给词语的正反疑问句形式提问并回答 Make affirmative-negative questions with the given words and answer them:

（1）你爸爸工作_____？（忙）

（2）小笼包_____？（好吃）

（3）老师_____？（喝 咖啡）

（4）你_____？（有 中文名字）

3. 看图说话 Describe the pictures with "…+在+ place + act":

（1）_____

（2）_____

（3）_____

（4）_____

4. 阅读和表达 Read and express:

阅读名片的内容，回答问题：

Read the business card and then answer the following questions:

（1）他做什么工作？

（2）他在哪儿工作？

（3）他的手机号码是多少？

（4）他有没有微信？微信号是多少？

根据名片的信息介绍这个人。

Introduce this person according to the information.

王小明　　　经理

×× 文化传播公司广告部

地址：上海市虹口区四川北路 859 号中信广场 ×× 号
手机：16722315157
邮箱：king-xiaoming@××.com
微信：wangxiaoming123

拓展 Advanced Practice

1. 听写汉字 Dictation:

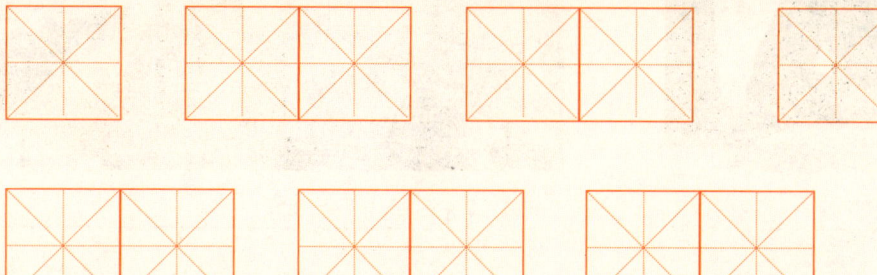

2. 选词填空 Choose the words to complete the sentences:

发　　方便　　希望　　专业　　还

（1）我＿＿＿＿＿＿认识很多中国朋友。

（2）你可以给我打电话，也可以给我＿＿＿＿＿＿微信。

（3）我想去银行取钱，＿＿＿＿＿＿想去商店买东西。

（4）他在大学学的＿＿＿＿＿＿是日语。

（5）在中国用微信很＿＿＿＿＿＿，所以很多人喜欢用。

3. 根据回答，用正反疑问句提问
Complete the dialogues with the affirmative-negative questions:

(1) A: _____?

   B: 我不去饭店，我去银行（yínháng, bank）。

(2) A: _____?

   B: 我很累(lèi, tired)。

(3) A: _____?

   B: 他不是英国人，他是法国人。

(4) A: _____?

   B: 我们班的学生很多。

(5) A: _____?

   B: 我没有哥哥，我有一个姐姐。

4. 完成对话 Complete the dialogues:

(1) A: _____?

   B: 我不是美国人，_____。你呢？

   A: _____。

(2) A: 你在哪个班学习？

   B: 我是_____的学生，在_____上课。

(3) A: _____?

   B: 我有微信。在这儿呢，_____。

   A: 好。谢谢。

（4）A：_____?

　　　B：_____，所以我学习汉语。

5. 根据实际情况回答 Answer the questions according to actual situations:

（1）现在你在哪儿学习汉语？

（2）你喜欢在哪儿喝咖啡？

（3）你喜欢在哪儿买东西？

（4）你为什么学习汉语？

（5）你为什么去饭店？

（6）为什么很多人喜欢用微信？

2

Dàxué fùjìn yǒu shénme fàndiàn?
大学附近有什么饭店?

1. 评价
Commenting

2. 推荐
Recommending

3. 问方位
Asking for Directions

热身准备 Warming-up

 1.这些是什么？ What are these?

面条
miàntiáo

点心
diǎnxin

豆腐
dòufu

比萨
bǐsà

炒菜
chǎocài

火锅
huǒguō

小笼包
xiǎolóngbāo

红烧肉
hóngshāoròu

水煮鱼
shuǐzhǔyú

麻婆豆腐
mápódòufu

 2.你的学校附近有饭店吗？有什么饭店？Are there any restaurants near your school? What kinds of restaurants?

 3.你喜欢什么菜？ What kinds of dishes do you like?

会话 Dialogue

对话1 Dialogue 1

马 丁：大家 觉得 学校 的 食堂 怎么样？
Mǎdīng: Dàjiā juéde xuéxiào de shítáng zěnmeyàng?

林达：我 觉得 不错。我 常常 在那儿
Líndá: Wǒ juéde búcuò. Wǒ chángcháng zài nàr
　　　吃 饭。
　　　chī fàn.

马 丁：有 什么 吃 的？
Mǎdīng: Yǒu shénme chī de?

林达：有 各 种 炒菜、 面条 和 点心。
Líndá: Yǒu gè zhǒng chǎocài, miàntiáo hé diǎnxin.

杰克：中午 人 很 多， 常常 排队，
Jiékè: Zhōngwǔ rén hěn duō, chángcháng páiduì,
　　　不 太 方便。
　　　bú tài fāngbiàn.

马 丁：大学 附近有 什么 饭店？
Mǎdīng: Dàxué fùjìn yǒu shénme fàndiàn?

杰克：有 几家 中国 饭店， 有 上海
Jiékè: Yǒu jǐ jiā Zhōngguó fàndiàn, yǒu Shànghǎi
　　　菜、四川 菜、 广东 菜 什么的。
　　　cài、Sìchuān cài、Guǎngdōng cài shénmede.

林达：味道 怎么样？
Líndá : Wèidao zěnmeyàng?

杰克：我 觉得 上海 菜 有点儿 甜。我
Jiékè: Wǒ juéde Shànghǎi cài yǒudiǎnr tián. Wǒ
　　　喜欢 吃辣 的 菜。
　　　xǐhuan chī là de cài.

马 丁：你 一定 喜欢 四川 菜！
Mǎdīng: Nǐ yídìng xǐhuan Sìchuān cài!

杰克：对啊！我 爱吃 水煮鱼 和 麻婆豆腐，
Jiékè: Duì a! Wǒ ài chī Shuǐzhǔyú hé Mápódòufu,
　　　最喜欢 的 菜 是 火锅。
　　　Zuì xǐhuan de cài shì huǒguō.

Martin: How do you like our school's canteen?

Linda: I think it's good. I often eat there.

Martin: What kinds of dishes are there?

Linda: There are all kinds of stir-fries, noodles and deserts.

Jack: But there are too many people at the lunch time, you often need to wait in a line. So it's not so convenient.

Martin: What restaurants are there near the university?

Jack: There are several Chinese restaurants, and they have like Shanghai cuisine, Sichuan cuisine, Guangdong cuisine, etc.

Linda: How do they taste?

Jack: I think Shanghai cuisine are kind of sweet. I prefer spicy dishes.

Martin: Then you must like Sichuan cuisine very much!

Jack: Yes! I like to eat fish fillets in hot chili oil and Mapo Tofu (stir-fried tofu in hot sauce). But my favorite dish is hot pot!

林达：为什么 呢?
Líndá: Wèishénme ne?

杰克：吃 火锅 能 吃各 种 菜，还
Jiékè: Chī huǒguō néng chī gè zhǒng cài, hái
　　　有 肉和豆腐 什么的。 又 好吃 又
　　　yǒu ròu hé dòufu shénmede. Yòu hǎochī yòu
　　　方便。
　　　fāngbiàn.

Linda: Why?

Jack: Because I can eat all kinds of vegetables and other materials like meat, tofu, and so on. The hot pot is both tasty and convenient.

1. 常常	chángcháng	副 (adv.)	often
2. 各种	gè zhǒng		all kinds; various
3. 炒菜	chǎocài	名 (n.)	stir-fry
4. 面条	miàntiáo	名 (n.)	noodle
5. 点心	diǎnxin	名 (n.)	dessert; pastry
6. 中午	zhōngwǔ	名 (n.)	noon; midday
7. 附近	fùjìn	名 (n.)	nearby; vicinity
8. 什么的	shénmede	助 (particle)	and so on; etc
9. 一定	yídìng	副 (adv.)	certainly; definitely
10. 豆腐	dòufu	名 (n.)	tofu

对话2 Dialogue 2 🎧

卡洛斯：你 知道 比较 好 的 西餐厅 吗?
Kǎluòsī: Nǐ zhīdao bǐjiào hǎo de xīcāntīng ma?

李 明 元： 大学 西边 有一家 法国 餐厅,
Lǐ Míngyuán: Dàxué xībian yǒu yì jiā Fǎguó cāntīng,

　　　　　那儿 的 菜 不错。
　　　　　Nàr de cài búcuò.

卡洛斯： 怎么 走?
Kǎluòsī: Zěnme zǒu?

李 明 元： 从 这儿一直 往 西走, 二十分钟
Lǐ Míngyuán: Cóng zhèr yìzhí wǎng xī zǒu, èrshí fēnzhōng

　　　　　可以 到。
　　　　　kěyǐ dào.

卡洛斯：哦, 有点儿 远, 有 近 一点儿 的 地
Kǎluòsī: Ò, yǒudiǎnr yuǎn, yǒu jìn yìdiánr de dì

　　　　　方 吗?
　　　　　fang ma?

李 明 元： 大学 对面 有一家 比萨店, 又
Lǐ Míngyuán: Dàxué duìmiàn yǒu yì jiā bǐsàdiàn, yòu

　　　　　好吃 又 便宜, 我 常 去 那儿。
　　　　　hǎochī yòu piányi, wǒ cháng qù nàr.

卡洛斯： 我 只 会 说 一点儿 汉语, 不 懂
Kǎluòsī: Wǒ zhǐ huì shuō yìdiánr Hànyǔ, bù dǒng

　　　　　菜单, 不 会 点 菜。
　　　　　càidān, bú huì diǎn cài.

李 明 元： 他们 的 菜单 有 英语, 没 问题。
Lǐ Míngyuán: Tāmen de càidān yǒu Yīngyǔ, méi wèntí.

Carlos: Do you know any good Western restaurants?

Li Mingyuan: There is a French restaurant to the west. The dishes are very good.

Carlos: How do I get there?

Li Mingyuan: Go west from here. It takes about twenty minutes on foot.

Carlos: Oh, it's a little far. Any closer ones?

Li Mingyuan: There is a pizza restaurant just on the opposite side of our university. It's tasty and also cheap. I often go there.

Carlos: But I can only speak a little Chinese, and I can't order because I cannot understand the menu.

Li Mingyuan: They have an English menu, so you won't have any problems.

11. 比较	bǐjiào	副 (adv.)	relatively; comparatively
12. 西餐厅	xīcāntīng	名 (n.)	Western restaurant
13. 从	cóng	介 (prep.)	from
14. 近	jìn	形 (adj.)	near; close
15. 地方	dìfang	名 (n.)	place

16. 对面	duìmiàn	名 (n.)	opposite
17. 比萨	bǐsà	名 (n.)	pizza
18. 只	zhǐ	副 (adv.)	just; only
19. 懂	dǒng	动 (v.)	to understand
20. 问题	wèntí	名 (n.)	problem; question

专有名词 Proper nouns:

1. 四川	Sìchuan	Sichuan
2. 广东	Guǎngdōng	Guangdong
3. 水煮鱼	Shuǐzhǔyú	Fish filets in hot chili oil

注释 Notes

1. 有什么吃的？ Anything to eat?

一些动词、形容词、名词等实词后面加上"的"，构成了"的"字短语，其用法相当于名词。例如：吃的、喝的、新的、大的、红的。

By attaching the particle "的" to verbs, adjectives, nouns or pronouns, "的" phrases are formed. They grammatically function like nouns, e.g. 吃的，喝的，新的，大的，红的.

（1）我想买吃的和喝的。

（2）这个新的很漂亮。

2. 那你一定喜欢吃四川菜。You must like Sichuan cuisine.

副词"一定"表示非常肯定的判断。

Adverb "一定" expresses a highly affirmative judgment.

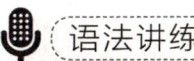 语法讲练 Grammar

1. "一点儿"表示比较　Make comparisons with "一点儿":

"一点儿"用在形容词后面时，表示比较。

"一点儿" is used after an adjective to show a comparison.

例句：

（1）那个教室很小，这个教室大一点儿。

（2）那个饭店有点儿远，有没有近一点儿的地方？

选择填空 Choose and fill in the blanks:

大一点儿　　甜一点儿　　少一点儿　　便宜一点儿

（1）我觉得麻婆豆腐有点儿辣，我喜欢吃_____的菜。

（2）这些苹果比较小，有没有_____的？

（3）500块太贵了，能不能_____？

（4）星期天商店有很多人，星期一_____。

"一点儿"还可以用在名词前面作定语。

"一点儿" can be used before a noun as an attribute.

例如：

（1）我会说一点儿汉语。

（2）我买一点儿水果。

注："有点儿"用在形容词前作状语，多表达不满意、不合适或偏离标准的情况。

"有点儿" is used before an adjective as an adverbial. It expresses that something is dissatisfying or unsuitable, or the deviation from the standard.

例句：（1）那个饭店有点儿远。

　　　（2）这个菜有点儿甜。

选择填空 Choose and fill in the blanks:

有点儿难　　有点儿多　　有点儿辣　　有点儿远

（1）中午食堂的人_____。

（2）我觉得汉字_____。

（3）他家_____。

（4）麻婆豆腐有点儿_____。

2. 又……又……   not only… but also…:

"又……又……"连接并列的形容词或形容词词组，表示两种状态同时存在。两个形容词或形容词词组的属性要一致。

"又…又…" is used to connect adjectives or adjective phrases to denote simultaneous existence of two states. These two adjectives (or adjective phrases) must be both negative or positive.

例句：

(1) 食堂的菜又好吃又便宜。

(2) 这种苹果又小又贵。

连线组句 Match to make sentences:

这家饭店	又有用又有意思
他觉得	又困又累
我的书	又好吃又便宜

3. 介词"从" The preposition "从":

介词"从"后面紧跟处所或方位词用于动词前面，表示动作的起点，形式为"从+处所/方位+动作"。

The preposition "从" is used before a place or location word to indicate the starting point of an action. The form is "从+ place/ location + verb".

例如：

从这儿走

从上海去北京

从大学去饭店

从家来学校

选择填空 Choose and fill in the blanks:

_____回家   _____去美国

_____来教室   _____去南京路

会话实践 Dialogue practice

1. 根据课文内容回答问题 Answer the questions according to the texts:

对话1：

（1）林达觉得食堂怎么样？　　　　（2）食堂有什么吃的？

（3）杰克觉得食堂怎么样？　　　　（4）大学附近有什么饭店？

（5）杰克觉得上海菜味道怎么样？　　（6）他喜欢吃什么菜？

（7）他最喜欢的菜是什么？为什么？

对话2：

（1）那个法国餐厅在哪儿？怎么走？　（2）卡洛斯想去吗？为什么？

（3）李明元常去哪儿吃饭？那儿怎么样？　（4）他们的菜单有没有英语？

2. 分角色表演课文对话

Memorize the dialogues and make a role play with your partners:

3. 活学活用

Make a similar dialogue based on the information given and present it in class:

	什么吃的	味道	在哪儿	从大学到那儿
食堂	炒菜　　面条	_____	大学里边	_____
四川饭店	火锅　　水煮鱼 麻婆豆腐	辣	北边	10分钟
西餐厅	披萨　牛排（niúpái, steak）　意大利面（yìdàlìmiàn, pasta）	_____	东边	15分钟
上海饭店	小笼包 红烧肉（hóngshāoròu, braised pork in soy sauce）	甜	西边	半个小时
广东饭店	点心　海鲜（hǎixiān, seafood）　汤（tāng, soup）		对面	5分钟

根据表格的内容，讨论以下问题
Discuss the following questions in groups based on this form:

（1）大学的食堂有什么吃的？

（2）大学附近有什么饭店？

（3）这些饭店有什么吃的？味道怎么样？

（4）你喜欢吃什么菜？

（5）这些饭店怎么走？

（6）你想去哪个饭店？为什么？

根据表格和讨论，模仿课文内容做一个对话并进行表演。建议包括以下的词语和句子
Make a dialogue similar to the texts according to your discussion and then perform it.
The following words and sentences can be included:

（1）你觉得……怎么样？

（2）有点儿

（3）一点儿

（4）又……又……

（5）我最喜欢的菜是……

（6）从这儿一直往……走，……可以到。

练习 Exercises

1. 根据课文内容说出完整的句子 Say sentences according to the dialogues:

（1）食堂人很多，常常_____，不_____。

（2）杰克觉得上海菜_____，他喜欢吃_____。

（3）杰克最喜欢的菜是_____，因为火锅又_____又_____。

（4）_____往西走，半个小时可以到法国餐厅。

（5）卡洛斯觉得法国餐厅_____，他想去_____的地方。

（6）卡洛斯会说_____汉语，不懂_____，不会_____。

2. 用"有点儿"或"一点儿"填空 Choose "有点儿" or "一点儿" to fill in the blanks:

（1）这本书的生词很多，那本少_____。

（2）今天星期一，我_____忙。

（3）这种苹果_____小，我想买大_____的。

（4）我觉得_____渴（kě, thirsty），想喝_____茶。

3. 用"又……又……"回答问题 answer the questions with "又…又…" sentences:

（1）你觉得食堂怎么样？

食堂不错，又_____又_____。

（2）你觉得这本书怎么样？

这本书又_____又_____，我不买。

（3）杰克觉得火锅怎么样？

他觉得火锅_____又_____，他非常喜欢。

（4）你为什么学汉语？

因为汉语又_____又_____，所以我学习汉语。

4. 阅读短文回答问题
Read this passage and answer the questions:

　　我家附近有一家西餐厅。从我家往东走，五分钟可以到。那儿的菜有点儿贵。我最喜欢吃那儿的牛排。他们还有海鲜、披萨什么的，味道都很好。

回答问题：

（1）西餐厅在哪儿？

（2）他们有什么菜？

（3）我最喜欢吃什么？

（4）我觉得那个西餐厅怎么样？

拓展 Advanced Practice

1. 听写汉字 Dictation:

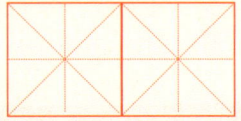 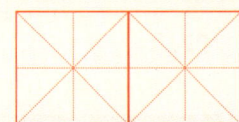 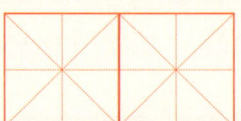 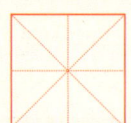 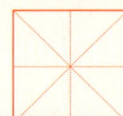

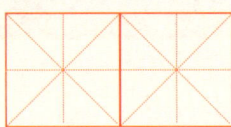 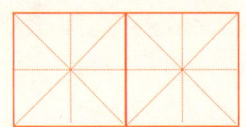

2. 选词填空 Choose the words to complete the sentences:

什么的   比较   从   各种   远

（1）我喜欢吃_____水果，苹果、橙子_____，我都喜欢吃。

（2）_____图书馆 (túshūguǎn, library) 来教室，五分钟可以到。

（3）我觉得汉语的声调 (shēngdiào, tone) _____难。

（4）那个商店有点儿_____，我不想去。

3. 遇到这种情况，用"有点儿"或"一点儿"怎么说 How to say with "有点儿" or "一点儿" in these situations:

（1）这件衣服是M号的，你要L号的。

（2）这个菜50块，你有40块。

（3）从大学去银行20分钟，从大学去商店15分钟。

4. 读一读下面的形容词，然后选择合适的，说出"又……又……"句子 Choose suitable adjectives and try to say as many "又…又…" sentences as you can:

贵　　便宜　　方便　　大　　小　　甜　　好吃　　漂亮　　有名

干净 (gānjìng, clean)　　　快 (kuài, fast)　　　慢 (màn, slow)

(1) 今天的苹果_____。

(2) 坐地铁_____。

(3) 小笼包_____。

(4) 那个饭店_____。

(5) 我们的教室_____。

(6) 他的手机_____。

5. 完成对话　Complete the dialogues:

(1) A: _____？

B: 大学附近有一家四川饭店。

A: _____？

B: 我觉得有点儿辣。

A: 怎么走？

B: _____。

(2) A: _____？

B: 我最喜欢吃的菜是火锅。

A: 为什么？

B: _____。

(3) A: 你觉得学校的食堂怎么样？

B: _____。我常在那儿吃饭。

A: _____？

B: 有米饭、面条、炒菜什么的。

6. 表达　Expression:

介绍一个学校或你家附近的饭店，说说你喜欢的菜。Introduce a restaurant near your school or your home and talk about what you like there.

27

1.
....

....

2.
....

....

3.
....

....

4.
....

....

5.
....

....

6.
....

....

7.
....

....

8.
....

....

9.
....

....

10.
....

....

11.

③

Qǐng nín zài shuō yí biàn

请您再说一遍

1. 表示动作的目的
Purpose of an Action

2. 表达动作的方式
Manner of an Action

3. 请求重复
Asking for Repetition

热身准备 Warming-up

 1.这些是什么地方 What are these places?

购物中心
gòuwù zhōngxīn

图书馆
túshūguǎn

饭店
fàndiàn

酒吧
jiǔbā

外滩
Wàitan

上海博物馆
Shànghǎi Bówùguǎn

南京路
Nánjīnglù

 2.你去这些地方做什么? What do you do there?

 3.你怎么去? How do you get there?

会话 Dialogue

对话1 Dialogue 1

李老师：大家 好， 明天 我们 去
Lǐ lǎoshī: Dàjiā hǎo, míngtiān wǒmen qù
上海 博物馆 参观。
Shànghǎi Bówùguǎn cānguān.

马 丁：老师，我们 怎么 去？
Mǎdīng: Lǎoshī, wǒmen zěnme qù?

李老师：坐 校车 去。
Lǐ lǎoshī: Zuò xiàochē qù.

林达：在 哪儿 上 车？
Líndá: Zài nǎr shàng chē?

Mr. Li: Hello everyone, tomorrow afternoon we'll visit Shanghai Museum.

Martin: Mr. Li, how will we get there?

Mr. Li: We'll take the school bus.

Linda: Where shall we wait to get on the bus?

李老师：在 宿舍 楼 前边。
Lǐ lǎoshī: Zài sùshè lóu qiánbian.

Mr. Li: In front of the dormitory building.

林达：什么 时候 出发？
Líndá: Shénme shíhou chūfā?

Linda: When will we leave?

李老师：一点 三 刻集合，两 点
Lǐ lǎoshī: Yī diǎn sān kè jíhé, liǎng diǎn
准时 出发。
zhǔnshí chūfā.

Mr. Li: We will get together at three quarters past 1 pm and leave at 2 o'clock on time.

马 丁：对不起，请 您 再 说 一 遍，
Mǎdīng: Duìbuqǐ, qǐng nín zài shuō yí biàn,
好 吗？
hǎo ma?

Martin: I'm sorry Mr. Li, could you please say it again?

李老师：一点 三 刻集合，两 点
Lǐ lǎoshī: Yī diǎn sān kè jíhé, liǎng diǎn
准时 出发。
zhǔnshí chūfā.

Mr. Li: We will get together at three quarters past 1 pm and leave at 2 o'clock on time.

马 丁：好 的，谢谢 老师。
Mǎdīng: hǎo de, xièxie lǎoshī.

Martin: OK. Thank you, Mr. Li.

1. 博物馆	bówùguǎn	名 (n.)	museum
2. 参观	cānguān	动 (v.)	to visit
3. 上	shàng	动 (v.)	to get on
下	xià	动 (v.)	to get off
4. 宿舍	sùshè	名 (n.)	dormitory
5. 刻	kè	名 (n.)	quarter
6. 准时	zhǔnshí	形 (adj.)	punctual; on time
7. 对不起	duìbuqǐ		I'm sorry.
8. 遍	biàn	量 (measure word)	(for actions) times

对话2 **Dialogue 2**

李 明 元：老师，大学 离 博物馆 远
Lǐ Míngyuán: Lǎoshī, dàxué lí bówùguǎn yuǎn
不 远？
bu yuǎn?

Li Mingyuan: Mr. Li, is Shanghai Museum far from our university?

李老师：不太 远，从 这儿到那儿 大约
Lǐ lǎoshī: Bú tài yuǎn, cóng zhèr dào nàr dàyuē

Mr. Li: Not very far, it takes about half an hour to get there.

半　个　小时。
bàn ge xiǎoshí.

李　明　元：什么　时候　回　学校？　　　　　Li Mingyuan: When will we come back to
Lǐ Míngyuán: Shénme shíhou huí xuéxiào?　　　　　　　　school?

李老师：　我们　四点　半　参观　完，然　　Mr. Li: We'll finish visiting at 4:30 pm,
Lǐ lǎoshī: Wǒmen sì diǎn bàn cānguān wán, rán　　　　then we'll come back.
　　　后　回　学校。
　　　hòu huí xuéxiào.

林达：老师，参观　完　博物馆，我　要　　Linda: Mr. Li, after visiting, can I go shopping
Líndá: Lǎoshī, cānguān wán bówùguǎn, wǒ yào　　　at Nanjing Road Pedestrian Street?
　　去　南京路　逛街，可以　吗？
　　qù Nánjīnglù guàngjiē, kěyǐ ma?

李老师：可以。南京路　离　博物馆　很　近，　Mr. Li: Sure, Nanjing Road Pedestrian Street
Lǐ lǎoshī: Kěyǐ. Nánjīnglù lí bówùguǎn hěn jìn,　　is very close to the Museum, and you
　　　你可以　走路　去。　　　　　　　can get there on foot.
　　　nǐ kěyǐ zǒulù qù.

林达：好的，谢谢　您！　　　　　　　　Linda: OK, thank you!
Líndá: Hǎo de, xièxie nín!

李老师：不　客气。　　　　　　　　　　Mr. Li: You're welcome.
Lǐ lǎoshī: Bú kèqi.

9.大约	dàyuē	副 (adv.)	about
10.半	bàn	名 (n.)	half
11.小时	xiǎoshí	名 (n.)	hour
12.完	wán	动 (v.)	to finish; to be over
13.回	huí	动 (v.)	to be back
14.逛街	guàngjiē	动 (v.)	go shopping
15.走路	zǒulù	动 (v.)	on foot; walk
16.客气	kèqi	形 (adj.)	polite; courteous

专有名词 Proper nouns:

1.上海博物馆	Shànghǎi Bówùguǎn	Shanghai Museum
2.南京路	Nánjīnglù	Nanjing Road Pedestrian Street

注释
Notes

我们四点半参观完。We will finish visiting at 4:30 pm.

"完"用在动词后面，作结果补语，表示动作完成，结构是"V完"。

"完" is used after a verb as a complement of result to show the completion of an action and the structure is "V完".

 语法讲练 Grammar

1. 时间词语作状语 Temporal words as adverbials:

时间词语放在动作前面表示动作发生的时间。表示时间的名词可以放在主语前，也可以放在主语后谓语前。表示时间的副词一般放在主语后谓语前。

Words expressing time as adverbials indicate the time of occurrence of actions or states. When the word expressing time is a noun, it can be placed either before the subject or after the subject and before the main predicate. When the word expressing time is an adverb, it is usually placed after the subject and before the main predicate.

例句：

（1）我们明天下午去博物馆。

（2）星期天我不上课。

（3）林达常常在食堂吃饭。

选择填空 Choose and fill in the blanks：

星期六　　早上八点　　常常

（1）我_____上课。

（2）_____我们去逛街。

（3）他_____在图书馆看书。

34

2. 连动句 The sentence with verb constructions in series:

谓语由两个或两个以上的动词或动词词组构成的句子叫连动句。有两种功能：
The predicate of this type of sentence consists of two or more verbs or verbal phrases. It has two functions:

① 表达动作的目的：来/去/回 + (地方) + 做什么
To indicate the purpose to come, go or return (to a place): come/ go/ be back + (a place) + to do something
例句：
（1）我们班去博物馆参观。　　（2）杰克来上海学习汉语。

连线组句 Match and make sentences：

去书店	工作
来中国	买英语书
回宿舍	参观
去外滩	休息（xiūxi, to have a rest）

② 表达动作的方式：怎么做 + 动作
To indicate the way or manner to do something: manner + do something
例句：
（1）她走路去南京路。　　（2）我们坐校车去博物馆。

选择填空 Choose and fill in the blanks：

坐飞机(fēijī, plane)　　走路　　坐出租车
（1）火锅店很近，我们_____去。
（2）附近没有地铁，我们_____去博物馆。
（3）他们_____来中国。

会话实践 Dialogue Practice

1. 根据课文内容回答问题 Answer the questions according to the texts:

对话1：
（1）明天他们做什么？
（2）他们怎么去？
（3）在哪儿上车？
（4）什么时候出发？

对话2：

（1） 大学离博物馆远不远？

（2） 什么时候回学校？

（3） 为什么林达不回学校？

（4） 南京路离博物馆远吗？

（5） 可以怎么去？

2. 分角色表演课文对话

Memorize the dialogues and make a role play with your partners:

3. 活学活用

Make a similar dialogue based on the information given and present it in class:

通知

学校将于8月16日（星期三）下午组织全体留学生去上海城市规划馆（Shàng-hǎi Chéngshì Guīhuàguǎn, Shanghai Urban Planning Exhibition Center）参观。学生乘坐校车前往，1:30在图书馆前边集合上车，1:45准时出发，大约2:30到达，4:30参观完返回。请各位老师转告学生。特此通知。

×××学校办公室

2017年8月14日

根据这个通知，分组讨论以下问题 Discuss the following questions in groups according to this notice:

（1） 留学生去哪儿参观？ （2） 怎么去？

（3） 什么时候集合？在哪儿集合？ （4） 什么时候出发？

（5） 什么时候回学校？

根据通知和讨论，模仿课文内容做一个对话并进行表演，建议包括以下词语和句子 Make a dialogue similar to the texts according to your discussion and then perform it. The following words and sentences can be included:

（1） ……怎么……？ （2） ……什么时候……？

（3） 对不起，请你再说一遍，好吗？ （4） 从……到……

（5） 离

练习 Exercises

1. 根据课文内容说出完整的句子 Say sentences according to the dialogues:

(1) 明天大家去＿＿＿＿＿＿参观。

(2) 他们＿＿＿＿＿去，在＿＿＿＿＿上车，＿＿＿＿＿准时出发。

(3) 大学离博物馆＿＿＿＿，＿＿这儿＿＿＿＿那儿大约半个小时。

(4) 林达要去＿＿＿＿逛街，不回学校。

(5) 博物馆离南京路＿＿＿＿，可以＿＿＿＿去。

2. 排序造句 Reorder the words to make sentences:

(1) 上午   逛街   明天   去   南京路   我们

_____

(2) 回   时候   你   家   什么

_____

(3) 他   吃   去   常常   食堂   饭

_____

(4) 出租车   大学   我   坐   今天   来

_____

3. 用"离"说句子 Say sentences with "离":

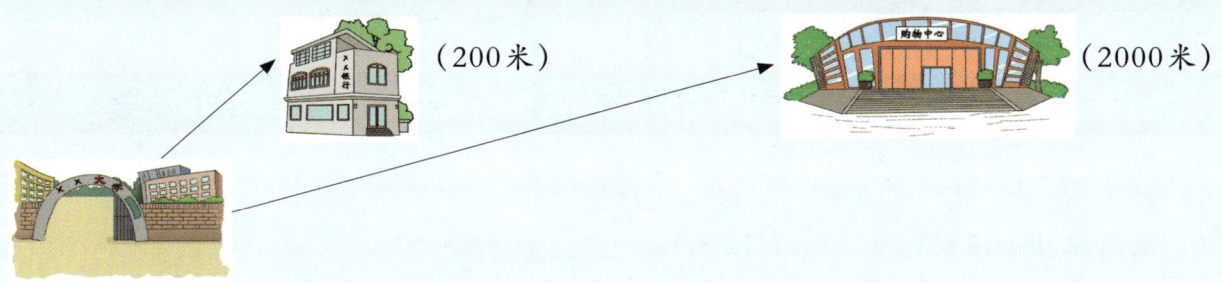

（200米） （2000米）

(1) ＿＿＿＿＿＿＿＿＿＿＿200米。

(2) ＿＿＿＿＿＿＿＿＿＿＿2000米。

(3) 大学＿＿＿＿银行＿＿＿＿＿。大学＿＿＿＿＿购物中心(gòuwùzhōngxīn, shopping mall) ＿＿＿＿＿。（远　近）

4. 选择正确词语进行提问
Choose the right words to ask questions according to the answers:

（1）A：_____？（怎么　什么）

B：我坐飞机来中国。

（2）A：_____？（什么时候　怎么）

B：他们明天上午去北京。

（3）A：_____？（什么时候　哪儿）

B：我们在食堂旁边集合。

（4）A：_____？（什么　怎么）

B：我去商店买水果。

5. 表达 Expression:

说说这个周末你的打算（去哪儿、什么时候去、怎么去、去那儿做什么）Talk about your plan about this weekend (where, when, how and what to do):

拓展 Advanced Practice

1. 听写汉字 Dictation:

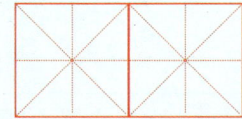 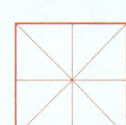 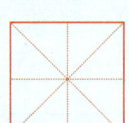 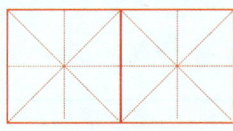

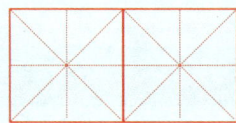 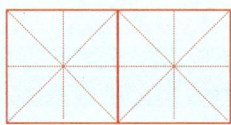 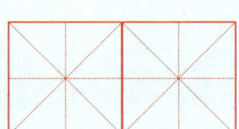

2. 选词填空 Choose the words to complete the sentences:

准时　　完　　离　　大约　　遍

（1）坐飞机从上海到巴黎（Bālí, Paris）_____十个小时。

（2）你说什么？我在听音乐（yīnyuè, music）呢，请你再说一_____。

（3）我每天八点_____来教室上课，不迟到（chídào, be late）。

（4）我家_____大学很远，坐车一个小时。

（5）这么多菜，你一个人能吃_____吗？

3. 用所给词语完成对话 Complete the dialogues with the given words:

（1）A：你什么时候吃午饭？

B：_____，_____。（遍）

A：你什么时候吃午饭？

B：我十二点吃午饭。

（2）A：_____？（离）

B：很远，从我家到学校大约3000米。

A：你怎么来？

B：_____。（坐）

（3）A：_____？（哪儿）

B：明天我去淮海路（Huaihai Road）。

A：你去淮海路做什么？

B：_____。（逛街）

4. 根据实际情况回答问题
Answer the questions according to your actual situation:

（1）你家离学校远不远？

_____

（2）你怎么来上课？

_____

（3）你什么时候来教室？

_____

（4）今天下午你要去哪儿？去那儿做什么？

_____

（5）你什么时候去？怎么去？

_____

（6）你什么时候回宿舍？怎么回？

_____

5. 表达 Expression:

根据练习第5题做一个对话并表演。

Make a dialogue based on Exercise 5 and perform it.

4

Nǐ yǒu shénme àihào?

你有什么爱好？

1.谈爱好
Talking about Hobbies

2.评价
Commenting

热身准备 Warming-up

 1. 读一读 Read

游泳
yóuyǒng

踢足球
tī zúqiú

跳舞
tiàowǔ

唱歌
chànggē

听音乐
tīng yīnyuè

看电影
kàn diànyǐng

看书
kàn shū

打网球
dǎ wǎngqiú

 2. 你有什么爱好？ What are your hobbies?

会话 Dialogue

对话1 Dialogue 1

林达：杰克，你有 什么 爱好？
Líndá: Jiékè, nǐ yǒu shénme àihào?

杰克：我的 爱好 是 运动。
Jiékè: Wǒde àihào shì yùndòng.

林达：你 喜欢 什么 运动？
Líndá: Nǐ xǐhuan shénme yùndòng?

杰克：我 喜欢 踢 足球 和 游泳。业余 时间，
Jiékè: Wǒ xǐhuan tī zúqiú hé yóuyǒng. Yèyú shíjiān,
　　　我 常 游泳，有时候 踢 足球。
　　　wǒ cháng yóuyǒng, yǒushíhou tī zúqiú.

卡洛斯：游泳 游得 怎么样？
Kǎluòsī: Yóuyǒng yóude zěnmeyàng?

Linda: Jack, what are your hobbies?

Jack: My hobby is doing sports.

Linda: What kinds of sports do you like?

Jack: I like playing football and swimming. In my spare time, I often go swimming, and sometimes play football.

Carlos: How well do you swim?

43

杰克：我 游得 很 快，但是 踢 足球 踢得
Jiékè: Wǒ yóude hěn kuài, dànshì tī zúqiú tīde
　　　马马虎虎。
　　　mǎmahūhū.

林达：卡洛斯 是 巴西人，一定 踢得 很 好 吧?
Líndá: Kǎluòsī shì Bāxīrén, yídìng tīde hěn hǎo ba?

卡洛斯：还 可以。我 最 喜欢 跳舞。
Kǎluòsī: Hái kěyǐ. Wǒ zuì xǐhuan tiàowǔ.

杰克：听说 你 桑巴舞 跳得 非常 好，
Jiékè: Tīngshuō nǐ Sāngbāwǔ tiàode fēicháng hǎo,
　　　是 吗?
　　　shì ma?

卡洛斯：哪里，哪里。
Kǎluòsī: Nǎli, nǎli.

Jack: I swim very fast but football is just so so.

Linda: Carlos is from Brazil, so you must play football very well.

Carlos: My football is OK but I prefer dancing.

Jack: I've heard that you dance Samba very well, don't you?

Carlos: Haha, you are flattering me.

1.爱好	àihào	名 (n.)		hobby
		动 (v.)		to like; be fond of
2.运动	yùndòng	名 (n.)		sports
		动 (v.)		to do exercises
3.踢	tī	动 (v.)		to kick
4.足球	zúqiú	名 (n.)		soccer; football
5.游泳	yóuyǒng	动 (v.)		to swim
6.业余（时间）	yèyú (shíjiān)	名 (adj.)		spare (time)
7.有时候	yǒushíhou			sometimes
8.得	de	助 (particle)		structural particle
9.快	kuài	形 (adj.)		fast; quick
10.虽然	suīrán	连 (conj.)		although
但是	dànshì	连 (conj.)		but
11.马马虎虎	mǎmahūhū	形 (adj.)		so so
12.跳舞	tiàowǔ	动 (v.)		to dance
13.哪里	nǎli			I'm flattered.

对话2 **Dialogue 2**

马丁：安娜，你的 爱好 是 什么？
Mǎdīng: Ānnà,   nǐde àihào shì shénme?

安娜：我 对 音乐 很 感 兴趣。喜欢 听
Ānnà: Wǒ duì yīnyuè hěn gǎn xìngqù. Xǐhuan tīng
　　　音乐，也 喜欢 唱歌。
　　　yīnyuè, yě xǐhuan chànggē.

马 丁：喜欢 什么 音乐？
Mǎdīng: Xǐhuan shénme yīnyuè?

安娜：现代 音乐，特别 是 流行 歌曲。
Ānnà: Xiàndài yīnyuè, tèbié shì liúxíng gēqǔ.

马 丁：在 中国，很 多 年轻人 喜欢
Mǎdīng: Zài Zhōngguó, hěn duō niánqīngrén xǐhuan
　　　流行 歌曲。
　　　liúxíng gēqǔ.

安娜：对。最近 我 业余 时间 常 听 中文
Ānnà: Duì. Zuìjìn wǒ yèyú shíjiān cháng tīng Zhōngwén
　　　歌，很 好听。
　　　gē, hěn hǎotīng.

马 丁：你 会 不 会 唱？
Mǎdīng: Nǐ huì bu huì chàng?

安娜：虽然 我 会 唱，但是 唱得 不
Ānnà: Suīrán wǒ huì chàng, dànshì chàngde bú
　　　太 好。
　　　tài hǎo.

马 丁：我 不 会 唱 中文 歌。你 可以 教
Mǎdīng: Wǒ bú huì chàng Zhōngwén gē. Nǐ kěyǐ jiāo
　　　我 吗？
　　　wǒ ma?

安娜：当然！
Ānnà: Dāngrán!

Martin: Anna, what are your hobbies?

Anna: I'm interested in music. I like listening to music and singing too.

Martin: What kinds of music do you like?

Anna: I like modern music, especially pop music.

Martin: A lot of Chinese young people like pop music.

Anna: Yes, recently I often listen to Chinese songs in my spare time. They're very pleasant.

Martin: Can you sing Chinese songs?

Anna: I can, but not very well.

Martin: I cannot sing Chinese songs at all. Can you teach me?

Anna: Sure!

14.对……感兴趣	duì ... gǎn xìngqù		be interested in
兴趣	xìngqù	名 (n.)	interest
15.音乐	yīnyuè	名 (n.)	music

45

16. 唱歌	chànggē	动 (v.)	to sing (a song)
歌	gē	名 (n.)	song
17. 现代	xiàndài	形 (adj.)	modern
18. 特别	tèbié	副 (adv.)	especially; particularly
19. 流行歌曲	liúxíng gēqǔ	名 (n.)	pop song
20. 最近	zuìjìn	名 (n.)	recently
21. 好听	hǎotīng	形 (adj.)	pleasant to the ear
22. 当然	dāngrán	副 (adv.)	certainly; of course

专有名词 Proper nouns:

| 1. 巴西 | Bāxī | Brazil |
| 2. 桑巴舞 | Sāngbāwǔ | Samba |

 语法讲练 Grammar

1. 状态补语 The complement of state:

对动作的状态或程度进行描写和评价的补语叫做状态补语。简单的状态补语由形容词构成，用在动词后面以结构助词"得"连接。形容词前通常用"很、非常"等表示程度的副词。

The complement that describes or evaluates the state or degree of an action is called the complement of state. A simple complement of state is usually an adjective. It follows the verb and is connected by the structural particle "得". An adverb expressing degree like "很、非常" is usually used before the adjective.

肯定式：动词+得+形容词

Affirmative form: Verb +得+ Adjective

例句：

（1）他说得非常快。　　　　（2）我吃得很多。

否定式：动词+得+不+形容词

Negative form: Verb +得+不+ Adjective

（1）他说得不快。　　　　（2）我吃得不多。

正反疑问句：动词+得+形容词+不+形容词？

The affirmative-negative question: Verb +得+ Adjective +不+ Adjective

（1）他说得快不快？　　　　（2）你吃得多不多？

动词有宾语的时候，要在宾语和"得"中间重复该动词，形式为：

动词+宾语+动词+得+（不）+形容词

When there is an object after the verb in the sentence, the verb must be repeated between the object and "得". The form is:

Verb + Object + Verb +得+（不）+ Adjective

例句：

（1）他说汉语说得很快。　　　（2）我吃米饭吃得不多。

口语中，第一个动词常常可以省略。

In everyday conversation, the first verb is often omitted.

> 选择填空 Choose and fill in the blanks:

说得太快　　　汉字写得非常漂亮　　　唱得很好　　　饭吃得比较多

（1）——你看，他＿＿＿＿＿＿＿＿＿＿＿＿＿＿！

　　　——对，因为他是书法（shūfǎ, calligraphy）老师。

（2）今天我＿＿＿＿＿＿＿＿＿＿＿＿，所以现在不饿。

（3）对不起，你＿＿＿＿＿＿＿＿＿＿＿＿，请再说一遍。

（4）你听，他＿＿＿＿＿＿＿＿＿＿＿＿！

2. 离合词 The clutch verbs:

离合动词是一些动宾结构的双音节动词。它们有词的一些特点，也有分离的形式。"游泳、唱歌、跳舞"等都是离合动词。其状态补语形式是在离合词与"得"之间重复其第一个字。

Clutch verbs refer to some disyllabic verbs with a verb-object structure. They bear some features of a word but can be detached in usage, e.g. 游泳、唱歌、跳舞. For them, the complement of state is formed by repeating the first character between the verb and "得".

例句：

（1）他游泳游得很快。　　　（2）你唱歌唱得不错。

> 用所给的词语造句 Make sentences with the given words:

（1）跳舞　马马虎虎　　　（2）唱歌　好听　　　（3）游泳　不快

3. 虽然……但是…… Although ... (but) ...:

"虽然……但是……"连接两个分句，表示转折关系。"虽然"和"但是"都可以单用。

"虽然…但是…" links two clauses and expresses a transition. Both "虽然" and "但是" can be used separately.

例句：

（1）虽然很便宜，但是很好吃。

（2）我会唱中文歌，但是唱得不好。

连线组句 Match to make sentences：

虽然	但是
他是巴西人	有意思
今天星期六	不会踢足球
这本书很难	说得马马虎虎
我会说法语	我去工作

 会话实践 Dialogue practice

1. 根据课文内容回答问题 Answer the questions according to the texts：

对话1：

（1）杰克有什么爱好？

（2）他喜欢什么运动？

（3）业余时间，他做什么？

（4）他游泳游得怎么样？踢足球踢得怎么样？

（5）卡洛斯有什么爱好？

（6）杰克听说他桑巴舞跳得怎么样？

对话2：

（1）安娜的爱好是什么？

（2）她喜欢什么音乐？

（3）最近她业余时间常做什么？

（4）她觉得中文歌怎么样？

（5）她会唱中文歌吗？唱得怎么样？

2. 分角色表演课文对话

Memorize the dialogues and make a role play with your partners:

3. 活学活用

Make a similar dialogue based on the information given and present it in class:

爱好 姓名	听音乐	唱歌	游泳	踢足球	跳舞	看电影 (diànyǐng, movie)	看书	打网球 (dǎ wǎngqiú, tennis)

分组讨论：调查几个同学的爱好，并对一些活动的水平进行评价 Discuss in groups: Survey your group members' hobbies and make comments on some of them.

根据调查的内容，模仿课文内容做一个对话并进行表演。建议包括以下词语和句子 Make a dialogue similar to the texts according to your discussion and then perform it. The following words and sentences can be included:

（1）你有什么爱好/你的爱好是什么？

（2）对……感兴趣

（3）……得怎么样？

（4）……得adj不adj？

（5）虽然……但是……

练习 Exercises

1. 根据课文内容说出完整的句子 Say sentences according to the dialogues:

（1）杰克的爱好是＿＿＿＿＿＿，他喜欢＿＿＿＿＿＿和＿＿＿＿＿＿。

（2）他游泳游得＿＿＿＿＿＿，但是足球踢得＿＿＿＿＿＿。

（3）卡洛斯最喜欢＿＿＿＿＿＿，他跳桑巴舞＿＿＿＿＿＿。

（4）安娜对音乐＿＿＿＿＿＿，她觉得中文歌＿＿＿＿＿＿。

（5）虽然她会唱中文歌，＿＿＿＿＿＿＿＿＿＿＿。

2. 排序 Reorder the words to make sentences:

（1）李老师   兴趣   跳舞   感   对

_____

（2）你   写   得   漂亮   汉字   很

_____

（3）快   他   游   得   不   游泳

_____

（4）早   得   我   比较   来

_____

3. 根据回答提问 Ask affirmative-negative questions according to the answers:

例：A：你英语说得好不好？

　　B：我英语说得不错。

（1）A：＿＿＿＿＿＿＿＿＿＿＿＿＿＿？

　　B：我来得很早。

（2）A：＿＿＿＿＿＿＿＿＿＿＿＿＿＿？

　　B：他中文歌唱得很好听。

(3) A: _____?

B: 李老师英语说得不快。

(4) A: _____?

B: 杰克跳舞跳得很好看。

4. 用所给的词语回答问题 Answer the questions with the given words:

例： A: 你英语说得好不好？

B: 我英语说得不错。 （不错）

(1) A: 他足球踢得怎么样？

B: _____。 （马马虎虎）

(2) A: 林达汉字写得怎么样？

B: _____。 （很漂亮）

(3) A: 今天你来教室来得早吗？

B: _____。 （不早）

(4) A: 你看书看得快不快？

B: _____。 （比较快）

5. 用"虽然……但是……"完成句子 Complete "虽然…但是…" sentences:

(1) 虽然宿舍比较小，_____。

(2) _____，但是我不认识他。

(3) 虽然汉语有点儿难，_____。

(4) _____，但是那儿的菜非常好吃。

6. 听后重复 Listen and retell:

拓展 Advanced Practice

1. 听写汉字 Dictation:

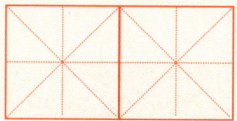  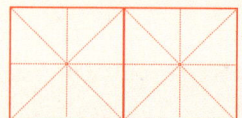 

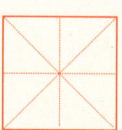 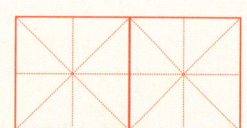 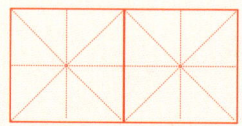 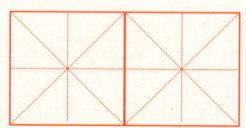

2. 选词填空 Choose the words to complete the sentences:

业余　　特别　　有时候　　兴趣　　教

（1）这个汉字很难，我不会写，你可以_____我吗？

（2）我喜欢吃中国菜，_____喜欢四川菜。

（3）工作太忙了，他用_____时间学习汉语。

（4）他家离大学很远，所以_____来得很晚。

（5）我对中国电影很感_____。

3. 看图做对话 Make dialogues according to the pictures:

（1）

A: _____?

B: _____。

（2）

A: _____?

B: _____。

（3）

A: _____?

B: _____。

（4）

A: _____?

B: _____。

4. 完成对话 Complete the dialogues:

（1）A: _____?

B: 我的爱好是打网球和跳舞。

A: _____?

B: 我网球打得不错。

A: 你跳舞跳得怎么样？

B: _____。

（2）A: 你对音乐感兴趣吗？

B: _____。

A: _____?

B: 虽然我会唱中文歌，_____。你呢？

A: _____。

5. 表达 Expression:

做一个对话并表演：谈谈家庭成员的爱好并进行评价

Make a dialogue and perform it: Talk about family members' hobbies and make comments:

1.

2.

3.

4.

5.

6.

7.

8.

9.

10.

11.

5

Wǒmen yīqǐ qù chàng kǎlā OK, zěnmeyàng?

我们 一起 去 唱 卡拉OK，怎么样？

1. 邀请
Invitation

2. 谈业余生活
Talking about Life in Spare Time

热身准备 Warming-up

 1. 这是什么地方？ What is this place?

 2. 他们在做什么？ What are they doing?

 3. 你喜欢去那儿吗？为什么？ How do you like going there? Why?

会话 Dialogue

 **Dialogue 1**

马丁： 文丽，周末 你做 什么？
Mǎdīng: Wénlì, zhōumò nǐ zuò shénme?

Martin: Wenli, what do you do on weekends?

林文丽： 我 在 房间 休息，听听 音乐、
Lín Wénlì: Wǒ zài fángjiān xiūxi, tīngting yīnyuè,
看看 电影，或者 去 逛 逛
kànkan diànyǐng, huòzhě qù guàngguang
街。你呢？
jiē. Nǐ ne?

Lin Wenli: I stay at my room resting, listening to some music, watching movies or go shopping. How about you?

56

马丁：我 有 很 多 朋友， 周末 常
Mǎdīng: Wǒ yǒu hěn duō péngyou, zhōumò cháng
　　跟 他们 一起 玩儿。
　　gēn tāmen yìqǐ wánr。

林文丽：我 刚 来，朋 友 不 多，
Lín Wénlì: Wǒ gāng lái, péngyou bù duō,
　　有 时 候 觉 得 无 聊。
　　yǒu shíhou juéde wúliáo。

马丁：今天 天气 不错，我们 去 走 走
Mǎdīng: Jīntiān tiānqì búcuò, wǒmen qù zǒuzou
　　吧。
　　ba。

林文丽：好 啊，走 吧。
Lín Wénlì: Hǎo a, zǒu ba。

Martin: I have many friends and we often play together on weekends.

Lin Wenli: I'm a newcomer here, and I don't have many friends, so sometimes I feel kind of bored.

Martin: The weather is so good today. Shall we take a walk together?

Lin Wenli: That sounds good. Let's go.

1.周末	zhōumò	名 (n.)	weekend
2.房间	fángjiān	名 (n.)	room
3.休息	xiūxi	动 (v.)	to rest
4.电影	diànyǐng	名 (n.)	movie
5.或者	huòzhě	连 (conj.)	or
6.跟	gēn	介 (prep.)	with
7.玩儿	wánr	动 (v.)	to play
8.无聊	wúliáo	形 (adj.)	boring; bored

对话2 **Dialogue 2** 🎧

（在 电 话 里……）
(Zài diànhuà li......)

马丁：　文丽，明天 我们一起去 唱 卡拉
Mǎdīng:　Wénlì, míngtiān wǒmen yìqǐ qù chàng Kǎlā
　　　　　 OK，怎么样？安娜和　山口 也去。
　　　　　 OK, zěnmeyàng? Ānnà hé Shānkǒu yě qù.

林文丽：　真 对不起，明天我要 跟妈妈
Lín Wénlì:　Zhēn duìbuqǐ, míngtiān wǒ yào gēn māma
　　　　　 视频聊天儿，可能 没 有时间。
　　　　　 shìpín liáotiānr, kěnéng méi yǒu shíjiān.
　　　　　 星期天 好 吗？
　　　　　 Xīngqītiān hǎo ma?

马丁：　我 可以。我 问问　安娜和　山口。
Mǎdīng:　Wǒ kěyǐ. Wǒ wènwen Ānnà hé Shānkǒu.

（打 电 话 以 后……）
(Dǎ diànhuà yǐhòu......)

马丁：　文丽，两 点 以后他们 有 空儿。
Mǎdīng:　Wénlì, liǎng diǎn yǐhòu tāmen yǒu kòngr.

林文丽：　好 的。去 哪个 KTV？
Lín Wénlì:　Hǎo de. Qù nǎ ge KTV?

马丁：　去　购物中心 里那家吧，那儿的 歌 又
Mǎdīng:　Qù gòuwùzhōngxīn li nà jiā ba, nàr de gē yòu
　　　　　 多 又 新。
　　　　　 duō yòu xīn.

林文丽：　太 棒 了！我 真 想　　唱唱
Lín Wénlì:　Tài bàng le!　Wǒ zhēn xiǎng chàngchang
　　　　　 中 国 的卡拉OK，学学　中文
　　　　　 Zhōngguó de kǎlā OK, xuéxue Zhōngwén
　　　　　 歌。几 点 去？
　　　　　 gē.　Jǐ diǎn qù?

马丁：　三 点 吧。
Mǎdīng:　Sān diǎn ba.

林文丽：　在 哪儿 见面？
Lín Wénlì:　Zài nǎr jiànmiàn?

马丁：　在 食堂　门口，好 吗？
Mǎdīng:　Zài shítáng ménkǒu, hǎo ma?

(In the phone...)

Martin: Wenli, how about going to karaoke together tomorrow? Anna and Sanko will come too.

Lin Wenli: I'm so sorry, but I need to video chat with my mom, so I may not have any time. How about Sunday?

Martin: I'm OK. Let me ask them.

(After Martin's call...)

Martin: Wenli, they have free time after 2 p.m.

Lin Wenli: OK. Which Karaoke shall we go?

Martin: Let's go to the one in the shopping mall. It has many songs, especially new songs.

Lin Wenli: Great! I'd really like to go to a Chinese Karaoke and learn some Chinese songs. When shall we go?

Martin: Is 3 o'clock OK?

Lin Wenli: And where shall we meet?

Martin: How about at the door of the canteen?

林文丽： 好。 购物中心 里有很多 饭店。
Lín Wénlì: Hǎo. Gòuwùzhōngxīn li yǒu hěn duō fàndiàn.

唱歌以后，我们 在那儿吃
Chàng gē yǐhòu, wǒmen zài nàr chī

晚饭 吧。
wǎnfàn ba.

马丁： 好 主意！
Mǎdīng: Hǎo zhǔyi!

Lin Wenli: OK. There are a lot of restaurants in the shopping mall, so we can have dinner after singing.

Martin: Great idea!

9.视频	shìpín	名 (n.)	video
10.聊天儿	liáotiānr	动 (v.)	to chat
11.可能	kěnéng	副 (adv.)	perhaps; probably
12.以后	yǐhòu	名 (n.)	afterwards; after
13.空儿	kòngr	名 (n.)	free time
14.购物中心	gòuwùzhōngxīn	名 (n.)	shopping mall
15.棒	bàng	形 (adj.)	awesome; excellent
16.见面	jiànmiàn	动 (v.)	to meet
17.主意	zhǔyi	名 (n.)	idea

专有名词 Proper nouns：

| 1.卡拉OK | kǎlā OK | Karaoke |
| 2. KTV | | Karaoke Television |

59

注释
Notes

提出建议或邀请的方式 How to give suggestions or invitations

在日常会话中，有几种常用的提出建议或邀请的方式 In everyday conversation, there are several ways to give suggestions or invitations:

① ……，怎么样？

我们一起去唱卡拉OK，怎么样？

② ……吧。

唱歌以后，我们在那儿吃晚饭吧。

③ ……，好吗？/……，可以吗？

在食堂门口见面，好吗？

下午三点，可以吗？

 语法讲练 Grammar

1. 动词重叠 The reduplication of verbs:

汉语用动词的重叠形式表示动作时间短或尝试等意义，一般用于口语，语气轻松、客气或有建议性。单音节动词重叠形式是"AA"式或"A—A"式。双音节动词的重叠形式是"ABAB"式。有宾语的时候，宾语用在重叠动词的后面。

In Chinese verbs are used in reduplicated forms to indicate a brief action or an attempt. Reduplication is usually used in spoken language and can make speaker's tone relaxed, casual and suggestive. The reduplicated form for monosyllabic verbs is "AA" or "A — A" and "ABAB" for disyllabic verbs. When there is an object in the sentence, the object is placed after the reduplicated form of the verb.

注意："有、在、是"等不表示动作的动词不能重叠。

Attention: Verbs that do not denote actions like "有，在，是" can't be reduplicated.

例句：

（1）我们走走吧。

（2）下课以后我休息休息。

（3）你看看这本书，写得很好。

选择填空 Choose and fill in the blanks

听听　　休息休息　　看看　　问问

(1) 今天的课很难，我有很多问题，我去_____老师。

(2) 这个电影很有意思，你_____吧。

(3) 你很累，_____吧。

(4) 你_____，这个英文歌很好听。

2. 或者 or:

连词"还是"和"或者"都是"or"的意思。"还是"用于选择问句，"或者"用于陈述句。"或者"在句中可用一次或一次以上。

The conjunctions "还是" and "或者" both mean "or". "还是" is used in alternative questions and "或者" is used in indicative sentences. "或者" can be used once or more than once in one sentence.

例句：

（1）——你喝咖啡还是茶？

　　　——我喝茶。

（2）——周末你做什么？

　　　——周末我听听音乐或者看看电影。

（3）——你什么时候去？

　　　——我或者今天去，或者明天去。

选择填空 Choose and fill in the blanks:

　　或者　　还是

(1) 下午我去游泳_____看电影。

(2) 我坐地铁_____坐出租车去南京路。

(3) 你们上午_____下午有汉语课？

会话实践 Dialogue practice

1. 回答问题　Answer the questions according to the texts:

对话1:

（1）周末林文丽常做什么？

（2）周末马丁常常做什么？

（3）为什么林文丽有时候觉得无聊？

对话2:

（1）星期六马丁想跟朋友们做什么？

（2）林文丽能去吗？为什么？

（3）星期天怎么样？

（4）他们去哪个KTV？

（5）几点去？

（6）在哪儿见面？

（7）唱歌以后，他们做什么？

2. 角色扮演

Memorize the dialogues and make a role play with your partners:

3. 活学活用

Make a similar dialogue based on the information given and present it in class:

分组讨论以下问题 Discuss the following questions in groups:

（1）下课以后/周末你常常做什么？

（2）这个周末你们想一起做什么？

　　　A. 唱歌　　　　B. 看电影　　　　C. 游泳　　　　D. 逛街　　　　E. _____

（3）你想_____去，但是朋友觉得这个时间不行，因为_____。

（4）朋友想_____去，你觉得这个时间可以。

（5）你们想去_____，因为那儿_____。

A. 比较近，很方便

B. 很好（有意思　　好玩儿hǎowánr, fun　　有很多商店　　那儿的歌又多又新）

C. 便宜

D. _____

（6）你们想怎么去？

（7）你们想几点去？

（8）你们想在哪儿见面？

根据讨论的内容，模仿课文做一个对话并进行表演。建议包括以下词语和句子
Make a dialogue similar to the texts according to your discussion and then perform it.
The following words and sentences can be included:

（1）V V

（2）跟……一起……

（3）……，怎么样？

（4）……，好吗/可以吗？

（5）……吧

（6）或者

（7）以后

练习 Exercises

1. 根据课文内容说出完整的句子 Say sentences according to the dialogues:

（1）周末林文丽在房间休息，_____，_____，或者_____。

（2）马丁常常跟朋友_____。

（3）明天马丁想_____，但是林文丽没有时间，因为_____。

（4）星期天他们去_____里的那家KTV，那儿的歌_____。

（5）他们_____去，在食堂门口_____。

2. 用动词的重叠形式完成对话
Complete the dialogues with the reduplicated form of the given verbs:

（1）A: 今天下午你做什么？

B: _____。（走）

（2）A: _____? （看）

B: 当然可以。

（3）A: 今天我很累。

B: _____。（休息）

（4）A: 这个歌好听吗？

B: _____。（听）

3. 根据划线部分用疑问代词提问   Make questions with interrogative pronouns to the underlined parts:

（1）我们在食堂门口见面。

（2）我走路去游泳馆。

（3）他下课以后去银行。

（4）那家饭店又好吃又便宜。

（5）晚上我学习汉语或者休息。

4. 选择"或者"或"还是"完成对话   Choose "或者" or "还是" to complete the dialogues:

（1）A: ＿＿＿＿＿＿＿＿？

　　　B: 饭店有点儿远，我去食堂。

（2）A: 你想喝什么？

　　　B: ＿＿＿＿＿＿＿＿。

（3）A: 周末你做什么？

　　　B: ＿＿＿＿＿＿＿＿。

（4）A: ＿＿＿＿＿＿＿＿？

　　　B: 我喜欢上海菜，四川菜有点儿辣。

5. 阅读短文并回答问题
Read this passage and answer the questions:

　　来中国以后，我有很多新朋友。周末我们常常一起玩儿，有时候在房间玩儿游戏(yóuxì, game)或者看电影，有时候出去(chūqu, to go out)。上海有很多好玩儿的地方，我喜欢走走看看。今天杰克想晚上一起去外滩参观。我有点儿累，想明天晚上去。他说明天也可以。我们说好明天晚上八点去，就在图书馆门口见面。

（1）他周末常常做什么？

（2）他喜欢做什么？为什么？

（3）为什么今天他不想去外滩？

（4）明天他们几点去？

（5）在哪儿见面？

拓展 Advanced Practice

1. 听写汉字 Dictation：

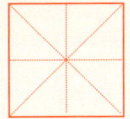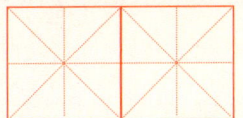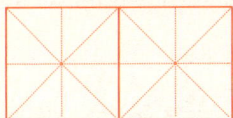

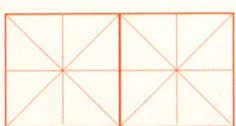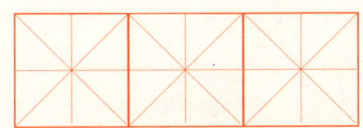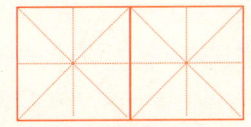

2. 选词填空 Choose the words to complete the sentences：

真　　跟　　有空儿　　一起　　以后

（1）晚上十一点_____，他不用微信。

（2）周末我喜欢跟朋友_____踢足球。

（3）晚上我常_____我的同屋聊聊天儿。

（4）今天我_____，我们一起去逛街吧。

（5）这个歌_____好听，你听听吧。

3. 在下面的情景中，用动词重叠形式说句子 Say sentences with the reduplicated form of verbs in the following situations：

（1）你听说这个电影不错，想跟同屋一起看。

_____

（2）你在跟朋友踢足球。你很累，要休息。

_____

（3）你想听朋友的新CD。

_____

（4）这个字很难，朋友问你，你也不知道，你想明天问老师。

_____

4. 完成对话   Complete the dialogue:

A：明天我们一起去逛街，怎么样？

B：对不起，明天我很忙，＿＿＿＿＿＿。＿＿＿＿＿＿？

A：后天(hòutiān, the day after tomorrow)可以吗？

B：可以。＿＿＿＿＿＿？

A：去南京路吧，那儿有很多商店。

B：什么时候去？

A：＿＿＿＿＿＿。

B：在哪儿见面？

A：＿＿＿＿＿，＿＿＿＿＿？

B：好的。

5. 表达 Expression:

说说在你的国家和在中国，你怎么过周末。
Talk about how you spend your weekends in your country and in China.

Nǐ qù yīyuàn le ma?

你去医院了吗？

1. 探望病人
Visiting Patients

2. 建议和劝告
Suggestions and Advice

热身准备 **Warming-up**

 1. 读一读 Read

喝水
hē shuǐ

休息
xiūxi

吃药
chī yào

去医院
qù yīyuàn

抽烟
chōuyān

喝酒
hē jiǔ

打游戏
dǎ yóuxì

 2. 他病了。他应该做什么？He's sick. What should he do?

 3. 他不应该做什么？What shouldn't he do?

会话 Dialogue

 对话1 Dialogue 1 🎧

（杰克 没来 上课，下课后 林达 给他打
（Jiékè méi lái shàng kè, xià kè hòu Líndá gěi tā dǎ
　电话……）
　diànhuà ……)

（Jack didn't take classes this morning. Linda called him after class...)

林达：杰克，下午 我 给你打 电话 了，你没接。
Líndá:　Jiékè, xiàwǔ wǒ gěi nǐ dǎ diànhuà le,　nǐ méi jiē.

Linda: Hello! Jack, I am Linda. I called you this afternoon. You didn't answer the phone.

杰克：你打 电话 的 时候，我 可能 在 睡觉
Jiékè:　Nǐ dǎ diànhuà de shíhou, wǒ kěnéng zài shuìjiào
　呢。
　ne.

Jack: I was probably sleeping when you called me.

林达：你 怎么了？
Líndá:　Nǐ zěnme le?

Linda: What's the matter?

杰克：我 病 了，感冒、 发烧、 头疼得 厉害。
Jiékè:　Wǒ bìng le, gǎnmào、 fāshāo、 tóuténgde lìhai.

Jack: I'm sick. I have a cold, a fever and a severe headache.

69

林达：去 医院 了吗？
Líndá: Qù yīyuàn le ma?

Linda: Have you been to the hospital?

杰克： 上午 已经 去了。医生 给 我 开了
Jiékè: Shàngwǔ yǐjīng qù le. Yīshēng gěi wǒ kāile
一些 药。
yìxiē yào.

Jack: I already went there this morning. Doctor gave me some medicine.

林达：打针 了吗？
Líndá: Dǎzhēn le ma?

Linda: Did you take an injection?

杰克：没 打针，他 说 不用 打针。
Jiékè: Méi dǎzhēn, tā shuō búyòng dǎzhēn.

Jack: No, I didn't. He said that I didn't need to take an injection.

林达：你 好好 休息 吧。晚饭 以后 我 去看 你。
Líndá: Nǐ hǎohao xiūxi ba. Wǎnfàn yǐhòu wǒ qù kàn nǐ.

Linda: Have a good rest! I will visit you after dinner.

1.接	jiē	动 (v.)	to receive; to answer (a phone call); to pick sb up
2.睡觉	shuìjiào	动 (v.)	to sleep
3.病	bìng	动 (v.)	to be ill
		名 (n.)	illness
4.感冒	gǎnmào	动 (v.)	to have a cold; to have a flu
5.发烧	fāshāo	动 (v.)	to have a fever
6.头疼	tóuténg	动 (v.)	headache
头	tóu	名 (n.)	head
疼	téng	动 (v.)	to ache
7.厉害	lìhai	形 (adj.)	severe
8.医院	yīyuàn	名 (n.)	hospital
9.已经	yǐjīng	副 (adv.)	already
10.医生	yīshēng	名 (n.)	doctor
11.开	kāiyào	动 (v.)	to prescribe
药	yào	名 (n.)	medicine
12.一些	yìxiē		some; a little; a few
13.打针	dǎzhēn	动 (v.)	to have or give an injection

对话2 Dialogue 2 🎧

（晚上， 林达来杰克的 宿舍 看他……）
（ Wǎnshang, Líndá lái Jiékè de sùshè kàn tā ...... ）

林达：杰克，你 觉得 好点儿了 吗?
Líndá: Jiékè, nǐ juéde hǎo diǎnr le ma?

杰克：好 点儿了，不过 嗓子 有点儿 疼。
Jiékè: Hǎo diǎnr le, búguò sǎngzi yǒudiǎnr téng.

林达：你 不要 抽烟，不要 吃辣 的。还 发烧 吗?
Líndá: Nǐ búyào chōuyān, búyào chī là de. Hái fāshāo ma?

杰克：三 十 八 度，还 有点儿 发烧。
Jiékè: Sānshíbā dù , hái yǒudiǎnr fāshāo.

林达：吃 晚饭 了 没有?
Líndá: Chī wǎnfàn le méiyou?

杰克：吃了一点儿 蛋糕，喝了 一杯 牛奶。
Jiékè: Chīle yìdiǎnr dàngāo, hēle yì bēi niúnǎi.

林达：吃 药 了 吗?
Líndá: Chī yào le ma?

杰克：还 没 吃呢，一会儿 吃。
Jiékè: Hái méi chī ne, yíhuìr chī.

林达：你 应该 按时吃 药，多 喝 水，多 休息。
Líndá: Nǐ yīnggāi ànshí chī yào, duō hē shuǐ, duō xiūxi.

杰克：知道 了。林达，多 谢 你 来看 我。
Jiékè: Zhīdao le. Líndá, duō xiè nǐ lái kàn wǒ.

林达：你 早 点儿 睡觉 吧，明天 我 再来。
Líndá: Nǐ zǎo diǎnr shuìjiào ba, míngtiān wǒ zài lái.

(Linda comes to Jack's dorm in the evening ...)

Linda: Jack, do you feel better?

Jack: I'm getting better. But my throat hurts a little.

Linda: Don't smoke! Don't eat spicy food. Are you still having a fever?

Jack: 38 degrees. I am still having a fever.

Linda: Did you have your dinner?

Jack: I had a little cake and drank a glass of milk.

Linda: Did you take the medicine?

Jack: Not yet. I will take some later.

Linda: You should take the medicine on time, drink more water and get more rest.

Jack: I see. Linda, thank you for visiting me.

Linda: You should sleep earlier and tomorrow I'll come again.

14.不过	búguò	连 (conj.)	but
15.嗓子	sǎngzi	名 (n.)	throat
16.抽烟	chōuyān	动 (v.)	to smoke
17.一会儿	yíhuìr	副 (adv.)	later; a while
18.应该	yīnggāi	助动 (aux.)	should
19.按时	ànshí	副 (adv.)	on time

注释
Notes

1. 你怎么了? What happened? What's wrong?

"怎么了"询问已经发生的情况及原因。

"怎么了" is used to ask about the situation or the reason of something that has happened.

2. 他说不用打针。He said that I didn't need to take injections.

"不用"意思是不需要。

"不用" means "don't need to", "don't have to".

 语法讲练 Grammar

1. 语气助词"了"（1） The Modal particle "了"(1):

语气助词"了"用在句尾，表示某件事或某个动作行为已经发生。

The modal particle "了" is used at the end of a sentence to denote that an event or an action has already taken place.

例如：

（1）我喝咖啡了。

（2）他买苹果了。

（3）昨天马丁看书了。

否定形式是在动词前面加副词"没（有）"，并去掉句尾的"了"。

The negative form is to add the adverb "没（没有）" before the verb while removing "了" at the end.

例如：

（1）我没喝咖啡。

（2）他没有买苹果。

（3）昨天马丁没看书。

"还没（有）……呢"表示说话的时候事情没发生，但是即将发生。

"还没（有）……呢" implies that an action hasn't happened yet but is about to happen.

正反疑问句形式是"……了+没有？"或者"动词+没+动词（+宾语）？"

The negative form is "……了+没有？"or "verb+没+verb (+object)？"

例如：

（1）你喝咖啡了没有？——你喝没喝咖啡？

（2）他买苹果了没有？——他买没买苹果？

（3）昨天马丁看书了没有？——昨天马丁看没看书？

(模仿例句说句子 Make sentences after examples:)

A. 昨天　　去图书馆——昨天我去图书馆了。　　昨天我没去图书馆。

（1）早上　　喝茶——

（2）昨天晚上　　看电影——

（3）去年　　去北京——

（4）上星期　　上课——

B. 昨天　去图书馆——昨天你去图书馆了没有？　昨天你去没去图书馆？

（1）早上　喝茶——

（2）昨天晚上　看电影——

（3）去年　去北京——

（4）上星期　上课——

2. 动作的完成：动词+了　Indicating the completion of an action: Verb+了：

动态助词"了"用在动词的后面，表示动作行为的完成。有宾语时，宾语前面通常有数量短语、代词、形容词等作定语。

The aspect particle "了" comes after a verb to indicate the completion of the action denoted by that verb. When the verb with "了" takes an object, normally the object has an attributive, like a numeral-classifier compound, a pronoun or an adjective.

例如：

（1）我吃了一点儿蛋糕，喝了一杯牛奶。

（2）杰克吃了很多药。

（3）马丁看了山口的书。

连线并说句子 Match to make sentences：

看了   一杯咖啡
用了   很多书
吃了   同屋的手机
喝了   两个苹果

 会话实践 Dialogue practice

1. 回答问题 Answer the questions according to the texts：

对话1：

（1）杰克有没有接林达的电话？为什么？

（2）杰克怎么了？

（3）他去医院了没有？

（4）大夫给他开药了吗？

（5）他打针了吗？

对话2：

（1）林达来宿舍的时候，杰克好点儿了吗？

（2）他还发烧吗？

（3）他吃晚饭了吗？

（4）他吃药了吗？

（5）林达说他应该做什么？不要做什么？

2. 角色扮演

Memorize the dialogues and make a role play with your partners：

3. 活学活用

Make a similar dialogue based on the information given and present it in class：

两人一组讨论下列问题 Discuss the following questions in pairs:

（1）朋友病了。他_____。

    A.感冒　　　B.发烧　　　C.头疼　　　D.咳嗽（késou, cough）　　　E.嗓子疼

    F.肚子（dùzi, tummy）疼

（2）他_____已经去医院了。大夫给他_____了。

    A.开药　　　B.打针

（3）你去看他的时候，他感觉怎么样了？

（4）你说他应该_____，不要_____。

    A.多喝水　　B.多休息　　C.吃辣的东西　　D.抽烟　　E.喝酒（jiǔ, alcohol）

    F.按时吃药　　G.玩儿游戏　　H._____

根据讨论的内容，模仿课文做一个对话并进行表演，建议包括以下词语和句子 Make a dialogue similar to the texts according to your discussion and then perform it. The following words and sentences can be included:

（1）你怎么了？

（2）……得厉害

（3）好点儿了吗？

（4）还没……（呢）

（5）要／不要

（6）应该

练习 Exercises

1. 根据课文内容说出完整的句子 Say sentences according to the dialogues:

（1）杰克病了，_____，_____，头疼得_____。

（2）上午他去_____了。大夫给他开了_____，没有_____。

（3）晚上他觉得_____，不过嗓子_____，_____度，还有点儿发烧。

（4）他吃了_____，喝了_____。

（5）林达说他不要_____，不要吃辣的；他应该吃药，_____，_____。

2. 模仿例句回答问题   Answer the questions by following the example:

例：你去银行了吗？

<u>我去银行了。</u>/<u>我没去银行。</u>

（1）他已经睡觉了吗？

_____ / _____

（2）昨天你们去踢足球了吗？

_____ / _____

（3）马丁给你发微信了吗？

_____ / _____

（4）周末你们一起看电影了吗？

_____ / _____

3. 根据回答用正反疑问句提问
Ask affirmative-negative questions by following the example:

例：<u>你买牛奶了没有？</u>

我没买牛奶。

（1）_____

昨天我打针了。

（2）_____

我没去图书馆看书。

（3）_____

我跟爸爸妈妈聊天儿了。

（4）_____

星期六我没去博物馆。

4. 用所给词语说出正确的句子   Make sentences with the given words:

例：我吃了_____。（个，苹果）

我吃了<u>两个苹果</u>。

（1）我听了_____。（张zhāng，CD）

（2）我看了＿＿＿＿＿＿＿＿＿＿＿。（本běn，书）

（3）我点了＿＿＿＿＿＿＿＿＿＿＿。（个，菜）

5. 完成对话 Complete the dialogues:

（1）　A: ＿＿＿＿＿＿＿＿＿＿＿＿＿＿＿＿＿？

　　　　B: 昨天下午我去购物中心了。

　　　　A: 买东西了没有?

　　　　B: ＿＿＿＿＿＿＿＿＿＿＿＿＿＿＿。

（2）　A: 早上你去食堂了吗?

　　　　B: ＿＿＿＿＿＿＿＿＿＿＿＿＿＿＿。

　　　　A: 吃什么了?

　　　　B: ＿＿＿＿＿＿＿＿＿＿＿＿＿＿＿。

（3）　A: ＿＿＿＿＿＿＿＿＿＿＿＿＿＿＿＿＿?

　　　　B: 我给老师打电话了。

　　　　A: 打了几个电话?

　　　　B: ＿＿＿＿＿＿＿＿＿＿＿＿＿＿＿。

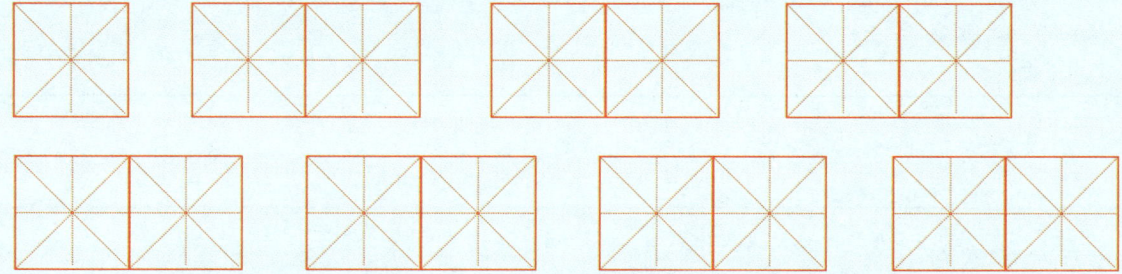

拓展 Advanced Practice

1. 听写汉字 Dictation:

2. 选词填空 Choose the words to complete the sentences:

厉害　　已经　　应该　　按时　　不过

(1) 汉字很难，所以我_____多写多练（liàn, to practice）。
(2) 你应该_____睡觉，不要睡得太晚。
(3) 我发烧了，嗓子疼得很_____。
(4) 这个菜有点儿辣，_____味道非常好。
(5) 我_____喝咖啡了，不过还是想睡觉。

3. 完成对话 Complete the dialogue:

A: _____？
B: 昨天我下课以后去医院了。
A: _____？
B: 我病了，发烧，咳嗽。
A: 大夫怎么说？
B: 大夫说我感冒了。他_____。
A: 现在好点儿了吗？
B: _____，不过还是咳嗽得厉害。
A: 你应该_____，_____，不要_____。吃药了吗？
B: _____。

4. 根据实际情况回答问题
Answer the questions based on your actual situation:

(1) 下课以后你常常做什么？
_____

(2) 昨天下课以后你做什么了？
_____

(3) 午饭以后你常常做什么？
_____

(4) 昨天午饭以后你做什么了？
_____

(5) 晚饭以后你常常做什么？
_____

(6) 昨天晚饭以后你做什么了？
_____

5. 表达 Expression:

　　根据课文内容做一个对话并表演：林达给李老师打电话，告诉他杰克生病的事和他现在的情况。Make a dialogue based on the texts and perform it: Linda calls Mr Li to tell him about Jack's illness and his present situation.

1.

2.

3.

4.

5.

6.

7.

8.

9.

10.

11.

Lǎoshī, wǒ xiǎng qǐng ge jià

老师，我想请个假

1. 请假
Asking for Leave

2. 借东西
Borrowing Things

热身准备 Warming-up

1. 这是什么？ What's this?

请假单

姓名 Name：	李明元	班级 Class：	二班
请假日期 Date：	2017 年 7 月 20 日	天数 Number of days：	2 天
请假原因 Reasons： 姐姐 7 月 20 日就要结婚（jiéhūn, to marry）了。我要回韩国（Hánguó, South Korea）参加她的婚礼（hūnlǐ, wedding）。			
教师意见 Opinion of the Teacher：	同意。 李东		

2. 什么时候要写这个？ When do you need to write this?

3. 要写什么？ What should you write?

会话 Dialogue

对话1 Dialogue 1

（课间 休息，林达 来 李 老师 的 办公室
（Kèjiān xiūxi, Líndá lái Lǐ lǎoshī de bàngōngshì
　找 他……）
　zhǎo tā…… ）

(Linda came to her teacher Mr Li's office during the break …)

林达：请问，李 老师 在 吗？
Líndá: Qǐngwèn, Lǐ lǎoshī zài ma?

Linda: Excuse me, is Mr Li here?

李老师：是 林达 啊，请 进，请 坐。
Lǐ lǎoshī: Shì Líndá a, qǐng jìn, qǐng zuò.

Mr Li: Linda, come in and have a seat.

林达：老师，我 想 请 个 假。
Líndá: Lǎoshī, wǒ xiǎng qǐng ge jià.

Linda: Mr Li, may I ask for leave?

李老师：有 什么 事儿？
Lǐ lǎoshī: Yǒu shénme shìr?

Mr Li: What's the matter?

林达：我 妈妈的 朋友 快 要来 上海
Líndá: Wǒ māma de péngyou kuài yào lái Shànghǎi
　　　了。我 要 去 浦东机场 接她，不
　　　le. Wǒ yào qù Pǔdōng Jīchǎng jiē tā,　bù
　　　能 来 上 课。
　　　néng lái shàng kè.

李老师：什么 时候?
Lǐ lǎoshī: Shénme shíhou?

林达：星期三 上午。
Líndá: Xīngqīsān shàngwǔ.

李老师：好的。你 去 418 办公室 拿 一 张
Lǐ lǎoshī: hǎode.　Nǐ qù 418 bàngōngshì ná　yì zhāng
　　　请假条，填 好 以后 给 我。
　　　qǐngjiàtiáo, tián hǎo yǐhòu gěi wǒ.

林达：知道 了。我 现在 就去。老师，您
Líndá: Zhīdào le. Wǒ xiànzài jiù qù. Lǎoshī, nín
　　　忙 什么 呢?
　　　máng shénme ne?

李老师：你们 下 星期二 就 要 考试 了，
Lǐ lǎoshī: Nǐmen xià xīngqīèr jiù yào kǎoshì le,
　　　我 在 准备 考试 题。
　　　wǒ zài zhǔnbèi kǎoshì tí.

Linda: My mom's friend is coming to Shanghai. I have to pick her up at the Pudong Airport, so I cannot take the classes.

Mr Li: When?

Linda: Wednesday morning.

Mr Li: Fine. Go to Office 418 and take a note for leave. Give it to me after you finish filling in it.

Linda: I see. I'll go there right now. Mr Li, what are you busy with?

Mr Li: You are going to have the exam next Tuesday. I am preparing the exam.

1. 请假	qǐngjià	动 (v.)	to ask for leave
2. 机场	jīchǎng	名 (n.)	airport
3. 拿	ná	动 (v.)	to take; to carry
4. 张	zhāng	量 (measure word)	sheet; piece (for paper, photo, etc)
5. 请假条	qǐngjiàtiáo	名 (n.)	a note for leave
6. 填	tián	动 (v.)	to fill in
7. 就	jiù	副 (adv.)	just; immediately
8. 考试	kǎoshì	动 (v.)	to test; to exam
		名 (n.)	test; examination
9. 准备	zhǔnbèi	动 (v.)	to prepare
		名 (n.)	preparation

对话2 Dialogue 2 🎧

（在 418 办公室……）
（Zài 418 bàngōngshì ......）

林达：老师，打扰一下，请 给 我 一 张
Líndá: Lǎoshī, dǎrǎo yíxià, qǐng gěi wǒ yì zhāng
　　请假条。
　　qǐngjiàtiáo.

杨老师：好 的。
Yáng lǎoshī: Hǎo de.

林达：老师，可以借我 您的 笔 吗? 我 想
Líndá: Lǎoshī, kěyǐ jiè wǒ nínde bǐ ma? Wǒ xiǎng
　　填 一下。
　　tián yíxià.

杨老师：好，给你。
Yáng lǎoshī: Hǎo, gěi nǐ.

林达：谢谢!
Líndá: Xièxie!

(At Office 418 ...)

Linda: Excuse me, Teacher, please give me a note for leave.

Mr Yang: OK.

Linda: Teacher, can you lend me your pen? I want to fill in the note for leave.

Mr Yang: Sure. Here you are.

Linda: Thank you!

（在 李 老师的 办公室……）
（Zài Lǐ lǎoshī de bàngōngshì ......）

林达：老师，给您 请假条，我 填 好 了。
Líndá: Lǎoshī, gěi nín qǐngjiàtiáo, wǒ tián hǎo le.

李老师：好，我 签 一下儿。…… 签 好 了。
Lǐ lǎoshī: Hǎo, wǒ qiān yíxiàr. ...... Qiān hǎo le.
　　　　你 还 给 418 办公室 就 行 了。
　　　　Nǐ huán gěi 418 bàngōngshì jiù xíng le.

林达：谢谢，麻烦 您 了。
Líndá: Xièxie, máfán nín le.

李老师：不客气。他们 快 下 班 了，你
Lǐ lǎoshī: Bú kèqi. Tāmen kuài xià bān le, nǐ
　　　　马上 去 吧。
　　　　mǎshàng qù ba.

(At Mr Li's office ...)

Linda: Mr Li, I have finished filling in the note for leave.

Mr Li: Okay. I will sign. ... Done. Just return it to Office 418.

Linda: Thank you! Sorry to have given you so much trouble.

Mr Li: You're welcome. They are going off duty in a minute. You go there right away.

10.打扰	dǎrǎo	动 (v.)	to disturb; to interrupt
11.借	jiè	动 (v.)	to lend; to borrow
12.笔	bǐ	名 (n.)	pen; pencil
13.签	qiān	动 (v.)	to sign
14.还	huán	动 (v.)	to return
15.行	xíng	形 (adj.)	OK
16.麻烦	máfan	动 (v.)	to trouble
		名 (n.)	trouble
17.马上	mǎshàng	副 (adv.)	at once; immediately

专有名词 Proper nouns:

浦东机场	Pǔdōng Jīchǎng	Pudong Airport

1. 老师，请假条我填**好**了。
I have finished filling in the note for leave.

"好"用在动词后面作结果补语，表示动作完成并达到令人满意的程度。例如考好、睡好、做好、准备好、填好、写好等。
"好" is used after a verb as a complement of result. It means that the action has been finished to a satisfactory degree, e.g. 考好、睡好、做好、准备好、填好、写好.

2. 你还**给**418办公室就行了。Just return it to Office 418.

"给"用在动词后面作结果补语，引出动作行为的对象，例如交给、借给、还给、送给等。
"给" is used after a verb as a complement of result. It is followed by the object of the action, e.g. 交给，借给，还给，送给.

 语法讲练 Grammar

1. 要……了；就要……了；快……了；快要……了 动作即将发生
Indicating an action is about to happen:

"要……了、就要……了、快……了、快要……了"表示动作即将发生。如果句中有表示时间的词语作状语，表明了动作发生的时间，则不能用"快……了"和"快要……了"。
"要……了、就要……了、快……了、快要……了" indicate an action is about to happen. When an adverbial of time, expressing when the action will happen, is used in the sentence, "快……了" and "快要……了" can't be used.

例句：

（1）11:30下课　现在11:25　　➜　我们要/就要/快/快要下课了。
我们11:30要/就要下课了。
*我们11:30快/快要下课了。

（2）他星期五来上海　今天星期三　➜　他要/就要/快/快要来了。
他星期五要/就要来上海了。
*他星期五快/快要来上海了。

选择填空 Choose and fill in the blanks:

就要　　快要

（1）飞机11:00_____到了。

（2）他＿＿＿＿＿＿＿＿＿＿＿＿＿回国了。

（3）我这个周末＿＿＿＿＿＿＿＿＿＿＿去北京了。

（4）他们＿＿＿＿＿＿＿＿＿＿＿吃晚饭了。

2. 双宾句 The sentence with two objects:

汉语有些动词可以带两个宾语。第一个宾语一般是人，第二个宾语一般是物。可带双宾语的动词如"给、教、借、还、送、问"等。

Some verbs in Chinese may take two objects. The first one usually refers to people and the second one usually refers to things. Such verbs include 给，教，借，还，送，问，etc.

例如：

（1）他借马丁一本书。

（2）我给老师请假条。

连线并说句子 Match to make sentences：

借	我们班	两本书
给	图书馆	汉语
教	同屋	五十块钱

 会话实践 Dialogue practice

1. 回答问题 Answer the questions according to the texts:

对话1：

（1）林达找李老师有什么事儿？

（2）她为什么要请假？什么时候？

（3）李老师说，林达要填什么？

（4）在哪儿可以拿请假条？

（5）李老师在忙什么呢？

对话2：

（1）在418办公室，林达想借什么？

（2）林达填好请假条以后，李老师要做什么？

（3）李老师签好字以后，林达应该做什么？

（4）为什么李老师说："你马上去吧"？

2. 分角色表演课文对话

Memorize the dialogues and make a role play with your partners:

3. 活学活用

Make a similar dialogue based on the information given and present it in class:

请假单

姓名 Name：	李明元	班级 Class：	二班
请假日期 Date：	2017 年 7 月 20 日	天数 Number of days：	2 天
请假原因 Reasons： 姐姐 7 月 20 日就要结婚（jiéhūn, to marry）了。我要回韩国（Hánguó, South Korea）参加她的婚礼（hūnlǐ, wedding）。			
教师意见 Opinion of the Teacher：	同意。 李东		

根据这个请假单的内容，模仿课文做一个对话并进行表演。建议包括以下词语和句子：Make a dialogue similar to the texts according to the content of this notification and then perform it. The following words and sentences can be included:

（1）有什么事儿？

（2）我想跟您请个假。

（3）就要……了/快要……了

（4）打扰一下儿

（5）谢谢，麻烦您了。

练习 Exercises

1. 根据课文内容说出完整的句子 Say sentences according to the dialogues:

（1）林达来找李老师，她想_____。

（2）她妈妈的朋友_____。

（3）_____上午林达去_____接她，不能上课。

（4）林达从418办公室拿了_____。

（5）李老师签好以后，林达_____了418办公室。

2. 组句 Reorder the words to make sentences:

（1）问题　我　李老师　　问　一个

_____

（2）你们　教　班　谁　汉语

_____

（3）安娜　我　她的　给　笔

_____

（4）可以　你　十块　借　我　吗　钱

_____

3. 遇到下面的情况，用"就要……了"或"快要……了"怎么说 How to say sentences with "就要……了" or "快要……了" in these situations:

（1）星期四考试　　　　　　　　今天星期二

_____

（2）飞机10:30起飞（qǐfēi, take off）　现在10:20

_____

（3）马丁星期五回国　　　　　　　今天星期四

_____

（4）我们8月20号去博物馆参观　　今天8月18号

_____

（5）　我11点睡觉　　　　　　　　现在10:45

_____

（6）　20个饺子（jiǎozi, dumpling）　　我吃了16个

_____

4. 完成对话　Complete the dialogues:

（1）A: 喂，请问是张老师吗？

　　　B: 我是。_____?

　　　A: 我是安娜。您好，老师。

　　　B: 你好！_____?

　　　A: 老师，我病了，今天不能上课。_____。

　　　B: 好的。你好好休息吧。

（2）A: 最近你忙什么呢？

　　　B: _____?

（3）A: 老师，_____，请给我一张请假单。

　　　B: 在那儿，你拿吧。

　　　A: 老师，_____? 我想填一下儿。

　　　B: 好的，给你。

5. 听后复述　Listen and Retell:

拓展 Advanced Practices

1. 听写汉字 Dictation：

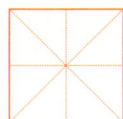  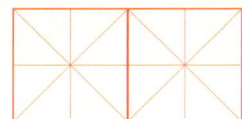 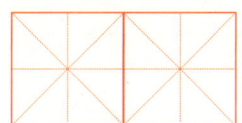

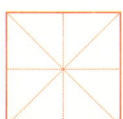 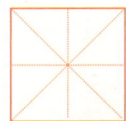 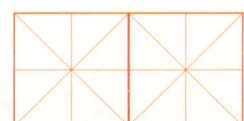 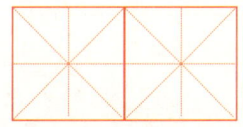

2. 选词填空 Choose the words to complete the sentences：

事儿　　拿　　马上　　打扰　　准备　　借

（1）星期五就要考试了，你_____得怎么样了？

（2）你的词典（cídiǎn, dictionary）呢？可以_____我用用吗？

（3）他正在学习呢，你不要_____他。

（4）今天晚上我有_____，没有空儿看电影。

（5）快要上课了，我_____去教室。

（6）你没带护照（hùzhào, passport）？马上回宿舍_____吧。

3. 下面的情况，用"就要……了"或"快要……了"怎么说 How to say with "就要……了" or "快要……了" in these situations：

（1）A: 你忙什么呢？

　　B: _____，我正在准备呢。（快要……了）

（2）A: 去喝杯咖啡吗？

　　B: 不去了，_____。（就要……了）

（3）A: 为什么杰克这么（zhème, so）高兴？

　　B: _____，所以他特别高兴。（快要……了）

（4）A: 我想跟你聊聊这个事儿。

  B: 对不起，_____，明天再说吧。（就要……了）

4. 完成对话 Complete the dialogue:

A: 老师，_____。

B: 有什么事儿?

A: 我姐姐就要来上海了，_____，不能来上课。

B: _____?

A: 明天早上。

B: _____?

A: 我已经填好了，给您。

B: 好的，我签好字以后，你_____就行了。

5. 表达 Expression:

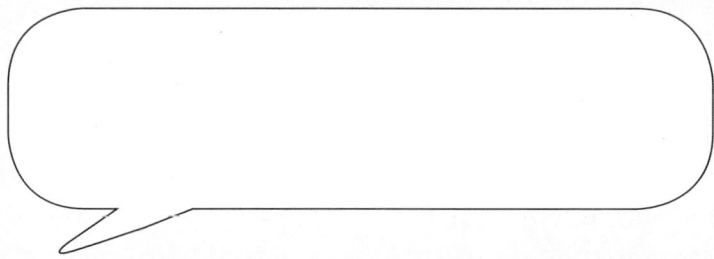

①给老师发一个微信请假 Send a message to your teacher by Wechat to ask for leave:

②做一个对话并表演:你的同屋病了,你帮他向老师请假。Make a dialogue and perform it: Your roommate is sick and you ask for leave to your teacher for him.

8

Hǎo jiǔ bú jiàn

好久不见

1. 迎接和问候
Welcoming and Greeting Friends

2. 表达歉意
Making an Apology

热身准备 Warming-up

 1. 这些是什么地方？What are these places?

机场
jīchǎng

火车站
huǒchēzhàn

 2. 他们可能在说什么？ What are they probably talking about?

会话 Dialogue

对话1 **Dialogue 1**

（在机场出口，林达在等妈妈的朋友劳拉……）
（Zài jīchǎng chūkǒu, Líndá zài děng māma de péngyou Láolā ......)

劳拉：喂，林达，你好！我 到 了，刚 下 飞机。
Láolā: Wèi, Líndá, nǐ hǎo! Wǒ dào le, gāng xià fēijī.

林达：好 的，劳拉，我 在 出口 等 你。
Líndá: Hǎo de, Láolā,   wǒ zài chūkǒu děng nǐ.

劳拉：哦，我 还 要 办理 手续 和 取 行李，一 个
Láolā: Ò, wǒ hái yào bànlǐ shǒuxù hé qǔ xíngli, yí ge

　　　　小时 左右 才 能 办 好，真 抱歉！
　　　　xiǎoshí zuǒyòu cái néng bàn hǎo, zhēn bàoqiàn!

林达：没事儿。你别 着急，时间 还 早。
Líndá: Méi shìr.   Nǐ bié zháojí, shíjiān hái zǎo.

(Linda is waiting for her mom's friend, Laura, at the exit of the airport ...)

Laura: Hello, Linda. I have arrived. I just got off the plane.

Linda: Fine, Laura, I am waiting for you at the exit.

Laura: Well, I have to deal with the formalities and pick up the luggage. It may cost one hour or so. I am really sorry!

Linda: That's all right. Take your time. It's still early.

1.出口	chūkǒu	名 (n.)	exit
2.办理	bànlǐ	动 (v.)	to handle; to get through
3.手续	shǒuxù	名 (n.)	formality; procedure
4.取	qǔ	动 (v.)	to fetch; to get back
5.行李	xínglǐ	名 (v.)	luggage
6.才	cái	副 (adv.)	just
7.抱歉	bàoqiàn	形 (adj.)	sorry
8.别	bié	副 (adv.)	don't; had better not
9.着急	zháojí	形 (adj.)	anxious

对话2 **Dialogue 2** 🎧

（见面以后……）
（Jiànmiàn yǐhòu ……）

劳拉：嗨，林达，你好啊！谢谢你来接我。
Láolā: Hāi, Líndá, nǐ hǎo a! Xièxie nǐ lái jiē wǒ.

林达：应该 的，别客气！
Líndá: Yīnggāi de, bié kèqi!

(After they met ...)

Laura: Hi, Linda! Thanks for picking me up.

Linda: It's my pleasure. Don't mention it.

劳拉：你看，八点 就 到 了，快 九点 了 才 办好。
Láolā: Nǐ kàn, bā diǎn jiù dào le, kuài jiǔ diǎn le cái bàn hǎo.
　　　让 你 久 等 了，真 对不起！
　　　Ràng nǐ jiǔ děng le, zhēn duìbuqǐ!

林达：没 关系，没 等 很久。你一路辛苦了！
Líndá: Méi guānxì, méi děng hěn jiǔ. Nǐ yílù xīnkǔ le!

劳拉：还 好。林达，好 久不见，你 怎么样？
Láolā: Hái hǎo. Líndá, hǎo jiǔ bú jiàn, nǐ zěnmeyàng?

林达：我 很 好，学习和 生活 都 不错。
Líndá: Wǒ hěn hǎo, xuéxí hé shēnghuó dōu búcuò.
　　　你呢，工作 很 忙 吧？
　　　Nǐ ne, gōngzuò hěn máng ba?

劳拉：是啊，非常 忙！这次公司 派 我 来
Láolā: Shì a, fēicháng máng! Zhè cì gōngsī pài wǒ lái
　　　中国， 你 妈妈 让 我 来 看看 你。
　　　Zhōngguó, nǐ māma ràng wǒ lái kànkan nǐ.

林达：能 在 上海 跟 你 见面，我 真 高兴。
Líndá: Néng zài Shànghǎi gēn nǐ jiànmiàn, wǒ zhēn gāoxìng.

劳拉：我也 特别 高兴。 明天 晚上 你有
Láolā: Wǒ yě tèbié gāoxìng. Míngtiān wǎnshang nǐ yǒu
　　　空儿 吗？ 我 想 请你吃个饭。
　　　kòngr ma? Wǒ xiǎng qǐng nǐ chī ge fàn.

林达： 明天 我 有 空儿，谢谢。我 陪 你 去
Líndá: Míngtiān wǒ yǒu kòngr, xièxie. Wǒ péi nǐ qù
　　　宾馆 吧。
　　　bīnguǎn ba.

劳拉：好，走 吧。
Láolā: Hǎo, zǒu ba.

Laura: Look, I got off the plane at 8 o'clock. When I finished, it's almost 9 o'clock. Sorry for keeping you waiting for such a long time!

Linda: Never mind. I didn't wait for a long time. You must be tired for the journey.

Laura: I'm fine. Linda, long time no see! How are you?

Linda: I am great. Both my study and life are very good in Shanghai. How about you? Are you busy with your work?

Laura: Yeah, very busy! This time my company sent me to China. And your mother asked me to visit you.

Linda: I am really glad that I can meet you in Shanghai.

Laura: I am very happy for this, too. Do you have time tomorrow evening? I'd like to invite you for dinner.

Linda: All right. Thank you! How about accompanying you to the hotel?

Laura: Fine, let's go.

10. 让	ràng	动 (v.)	to let; to ask
11. 久	jiǔ	形 (adj.)	for a long time; (time) long
12. 辛苦	xīnkǔ	形 (adj.)	hard
13. 次	cì	量 (measure word)	(for actions) times
14. 公司	gōngsī	名 (n.)	company
15. 派	pài	动 (v.)	to send; to dispatch
16. 宾馆	bīnguǎn	名 (n.)	hotel; guesthouse
17. 陪	péi	动 (v.)	to accompany

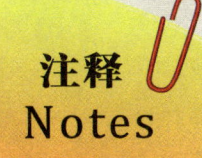

注释 Notes

别着急，时间还早。 **Don't hurry. It's still early.**

副词"别"用于口语，表示劝告或安慰。

The adverb "别" is used in spoken language to persuade or console others.

 语法讲练　Grammar

1. 兼语句 The pivotal sentence:

兼语句表示"让某人做某事"的意思。谓语由两个动词词组构成，前一个动词的宾语同时又是后一个动词的主语。前一个动词通常是"请、让、叫、派"等有使令意义的动词。结构为"主语1+请/让/叫/派+宾语=主语2+做什么"。

The pivotal sentence is used to indicate "to ask someone to do something". The predicate of a pivotal sentence is made up of two verbal phrases. The object of the first verb is at the same time the subject of the second verb. The first verb is often a causative verb, like "请，让，叫，派" etc. The pattern is "subject 1 + 请/让/叫/派 + object = subject 2 + do something".

例如：

（1）公司派劳拉来中国。

（2）妈妈让劳拉看看林达。

（3）我想请朋友吃饭。

选择填空 Choose the words to fill in the blanks:

让　　请　　派

（1）我想＿＿＿＿＿老师教我书法。

（2）同屋＿＿＿＿＿我帮他买二斤苹果。

（3）公司＿＿＿＿＿他去北京工作。

2. "就"和"才" "就"and "才"：

副词"就"和"才"都可以用在动词前面作状语。当前面有时间、数量时，用"就"表示说话人认为事情发生得早、快或者容易；用"才"表示说话人认为事情发生得晚、慢或者不容易。

Both adverb "就" and adverb "才" can be used before verbs as adverbials. When they are used after a time, duration or quantity, the speaker uses "就" to suggest the earliness, quickness or easiness of an action, and uses "才" to suggest the lateness, slowness or difficulty involved in an action.

例句：

（1） 8:30上课

他8:00就来了。（早）　　　　　　我8:50才来。（晚）

（2） 从上海到北京

坐飞机一个半小时就能到。（快）　　坐火车6个小时才能到。（慢）

（3） 这个问题

我听了一遍就懂了。（容易）　　　　他听了三遍才懂。（难）

选择填空 Choose and fill in the blanks：

（1） 你每天6点下班，怎么今天5点_____下班了？

（2） 昨天我很累，晚上8点_____睡觉了。

（3） 你说得太快了，我听了两遍_____懂。

（4） 我家离大学很远，坐地铁一个小时_____能到。

🎙 会话实践 Dialogue practice

1. 回答问题 Answer the questions according to the texts：

对话1：

（1） 林达在哪儿等劳拉？

（2） 下了飞机以后，劳拉要做什么？

（3） 她说多久可以办好？

对话2：

（1） 为什么劳拉对林达说："真对不起"？

（2） 好久不见，林达怎么样？劳拉呢？

（3） 这次劳拉为什么来中国？

（4）谁让劳拉来看看林达？

（5）为什么她们都觉得很高兴？

（6）明天晚上劳拉想做什么？林达有空吗？

（7）林达陪劳拉去哪儿？

2. 分角色表演课文对话

Memorize the dialogues and make a role play with your partners:

3. 活学活用

Make a similar dialogue based on the information given and present it in class:

两人一组讨论以下问题 Discuss following questions in pairs:

（1）你去飞机场接朋友，你等了很久，是因为：

　　A. 飞机晚点(wǎndiǎn, to be delayed)了

　　B. 办入关(rùguān, entry)手续

　　C. 拿行李

　　D. 海关(hǎiguān, customs)检查(jiǎnchá, to check)行李

　　E. _____

（2）你等了很久，朋友怎么说？你怎么说？

（3）见面以后，你们怎么问候(wènhòu, to say greetings)？

（4）这次朋友为什么来中国？

　　A. 公司派他来中国工作/出差(chūchāi, to be on a business trip)

　　B. 来中国旅行(lǚxíng, to travel)

　　C. 他的大学派他来中国学习

　　D. _____

（5）你陪朋友去做什么？

      A. 去宾馆/大学

      B. 换（huàn, to exchange）钱

      C. 吃点儿东西

      D. _____

根据讨论的内容，模仿课文做一个对话并进行表演。建议包括以下词语和句子
Make a dialogue similar to the texts according to the content of this discussion and then perform it. The following words and sentences can be included:

（1）真抱歉

（2）让你久等了

（3）别着急，时间还早。

（4）你一路辛苦了

（5）好久不见，你怎么样？

（6）能在……跟你见面，我真高兴。

（7）"就""才"

（8）……派/让/请……

练习 Exercises

1. 根据课文内容说出完整的句子 Say sentences according to the dialogues:

（1）下飞机以后，劳拉要_____和_____。

（2）时间还早，林达让她_____。

（3）劳拉_____就下飞机了，_____才办好。

（4）劳拉的公司_____，林达的妈妈让她_____。

（5）能在上海_____，她们都很高兴。

（6）明天晚上劳拉请林达_____。

2. 排序 Reorder the words to make sentences:

（1）带　护照（hùzhào, passport）　办公室　学生们　让

_____

（2）八点半　他　教室　来　才

_____

（3）老师　请　教　我　汉字

_____

（4）同屋　帮　他　我　让　买　咖啡

_____

3. 根据下面的情景，用"就"或"才"说句子
Say sentences with "就" or "才" according to the following situations:

（1）我常常12点睡觉。（晚）

_____

（2）他20岁来中国。（早）

_____

（3）我一个星期看完了这本书。（快）

_____

（4）我听了三遍，听懂了这个词。（难）

_____

4. 用括号里的词语完成对话
Complete the dialogues with the given words in brackets:

（1）A：你好！

B：你好！取行李的人太多了，_____，_____。（久　抱歉）

A：没关系，我没等很久。

（2）A：_____！（接）

B：您别客气。_____！（辛苦）

B：还好，比较顺利（shùnlì, smooth）。

（3）A: _____，你怎么样？（久）

　　　B: 我很好。你呢？

　　　A: 我也很好。_____，我非常高兴。（见面）

　　　B: 我也特别高兴。

5. 阅读短文回答问题 Read this passage and answer the questions:

　　上星期我去北京出差，我的朋友小王去机场接我了。飞机10点就到了，但是取行李的人比较多，行李检查也比较慢，大约四十分钟才办好。小王早就到机场了，让他等了很久，我觉得很抱歉。小王很好，现在他在一个IT公司工作。工作很辛苦，但是他很喜欢。这次能在北京见面，我们都特别高兴。

（1）为什么大约四十分钟才办好？

（2）为什么我觉得抱歉？

（3）小王在哪儿工作？这个工作怎么样？

（4）为什么我们特别高兴？

拓展 Advanced Practice

1. 听写汉字 Dictation:

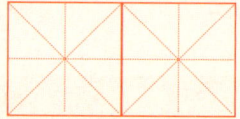  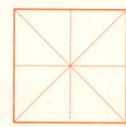 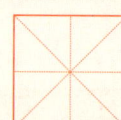 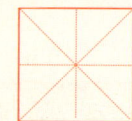 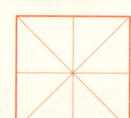

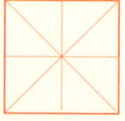 

2. 选词填空 Choose the words to complete the sentences:

着急　　陪　　帮　　别　　取

（1）同屋病得很厉害，我下了课就_____他去医院看病。

（2）我们是好朋友，我帮你是应该的，你_____客气。

（3）朋友们都不懂汉语，所以我＿＿＿＿他们点菜。

（4）明天就要考试了，我还没准备呢，真＿＿＿＿。

（5）我刚办好手续，还没＿＿＿＿行李呢。

3. 用"就"或"才"完成对话 Complete the dialogues with "就" or "才"：

（1）　A：昨天晚上你看电影了吗？

　　　B：没有，昨天我很累，＿＿＿＿＿＿＿。

（2）　A：博物馆远不远？

　　　B：很远，我们8点出发，＿＿＿＿＿＿＿。

（3）　A：你能看懂今天的课文吗？

　　　B：当然，＿＿＿＿＿＿＿＿，很容易（róngyì, easy）。

（4）　A：飞机晚点了？

　　　B：是啊，应该2点到，但是＿＿＿＿＿＿。

4. 完成对话 Complete the dialogue：

A：你好，谢谢你来接我。

B：应该的，＿＿＿＿＿。

A：火车晚点了，＿＿＿＿＿＿，真抱歉。

B：没关系。＿＿＿＿＿＿。

A：还好，不太累。＿＿＿＿＿，＿＿＿＿＿？

B：我很好。你呢？

A：非常忙。这次来中国旅行，＿＿＿＿＿＿，我非常高兴。

B：我也非常高兴。

A：今天晚上你有空吗？＿＿＿＿＿＿。

B：好的，我一定去。谢谢你！

5. 表达 Expression：

根据练习5做一个对话并表演。Make a dialogue based on Exercise 5 and perform it.

1.
....

....

2.
....

....

3.
....

....

4.
....

....

5.
....

....

6.
....

....

7.
....

....

8.
....

....

9.
....

....

10.
....

....

11.

Nǐ hǎo, wǒ yào bànlǐ rùzhù

你好，我要办理入住

1.办理入住
Checking in

2.动作方向的表达
Expressions of Directions of a Movement

热身准备 Warming-up

 1.读一读 Read

宾馆
bīnguǎn

前台
qiántái

双人间
shuāngrén jiān

单人间
dānrén jiān

 2. 这是什么地方？What's this place?

 3. 你去宾馆入住，要跟前台的服务员说什么？What do you say to the waiter at the reception when you check in?

会话 Dialogue

对话1 Dialogue 1

（在宾馆……）
（Zài bīnguǎn ......）

服 务 员：您好，请 问 可以 帮 您 吗?
Fúwùyuán: Nín hǎo, qǐng wèn kěyǐ bāng nín ma?

劳拉：你好，我 要 办理 入住。
Láolā: Nǐ hǎo, wǒ yào bànlǐ rùzhù.

服 务 员：您 预订 了 吗?
Fúwùyuán: Nín yùdìng le ma?

劳拉：没有。
Láolā: Méiyǒu.

服 务 员：您 要 什么 房间?
Fúwùyuán: Nín yào shénme fángjiān?

劳拉：我 要 一个 标准 单人间，住 两
Láolā: Wǒ yào yí ge biāozhǔn dānrénjiān, zhù liǎng
　　　　晚，星期五 退房。
　　　　wǎn, xīngqīwǔ tuìfáng.

(In the hotel ...)

Waiter: Hello, may I help you?

Laura: Hello, I want to check in.

Waiter: Have you reserved?

Laura: No.

Waiter: What kind of room would you like?

Laura: I want one standard single room, for two nights, please. I am going to check out on Friday.

服务员：好的，我 查一下儿。……真 抱
Fúwùyuán: Hǎo de, wǒ chá yíxiàr. …… Zhēn bào
歉，现在 没有 标准间，只
qiàn, xiànzài méi yǒu biāozhǔnjiān, zhǐ
有 商务间。
yǒu shāngwùjiān.

劳拉：可以。包括 早饭 吗?
Láolā: Kěyǐ. Bāokuò zǎofàn ma?

服务员：是的。请 给我 护照。麻烦 填
Fúwùyuán: Shì de. Qǐng gěi wǒ hùzhào. Máfán tián
一下儿 登记表。
yíxiàr dēngjìbiǎo.

Waiter: OK. Let me check. I am sorry that we are out of standard rooms now, and we only have business ones.

Laura: That's OK. Does the price cover breakfast?

Waiter: Yes. Please hand me your passport and fill in the registration form.

1.入住	rùzhù	动 (v.)	to check in
住	zhù	动 (v.)	to live
2.预订	yùdìng	动 (v.)	to reserve
3.标准单人间	biāozhǔn dānrénjiān		standard single room
单人间	dānrénjiān	名 (n.)	single room
4.退房	tuìfáng	动 (v.)	to check out
5.查	chá	动 (v.)	to check; to look up
6.商务间	shāngwùjiān	名 (n.)	business room
7.包括	bāokuò	动 (v.)	to include
8.护照	hùzhào	名 (n.)	passport
9.登记表	dēngjìbiǎo	名 (n.)	registration form

对话2 **Dialogue 2**

服务员：押金是 800 元。
Fúwùyuán: Yājīn shì 800 yuán.

劳拉：可以 用 信用卡 付 吗?
Láolā: Kěyǐ yòng xìnyòngkǎ fù ma?

服务员：当然。……好了。您的 房间
Fúwùyuán: Dāngrán. …… Hǎo le. Nínde fángjiān
是 805 号，给您 房卡。早饭
shì 805 hào, gěi nín fángkǎ. Zǎofàn
从 七 点 半 到 十 点。
cóng qī diǎn bàn dào shí diǎn.

劳拉：能 帮 我 送 一下 行李 吗?
Láolā: Néng bāng wǒ sòng yíxià xínglǐ ma?

Waiter: The deposit is 800 yuan.

Laura: Can I pay by credit card?

Waiter: Sure … All right. Your room is 805. Here is your room card. Breakfast time is from 7:30 to 10:00 am.

Laura: Can you take my luggage to my room?

服务员：没问题，一会儿就给您送去。
Fúwùyuán: Méi wèntí, yíhuìr jiù gěi nín sòngqu.

Waiter: No problem. In a minute.

劳拉：好的，谢谢！林达，我们上楼
Láolā: Hǎo de, xièxie! Líndá, wǒmen shàng lóu
去吧。
qù ba.

Laura: OK. Thank you. Linda, let's go upstairs.

10.押金	yājīn	名 (n.)	deposit
11.信用卡	xìnyòngkǎ	名 (n.)	credit card
12.房卡	fángkǎ	名 (n.)	room card
13.送	sòng	动 (v.)	to send; to see sb off

对话3　**Dialogue 3**

（在 805 房间，有人敲门，林达要去开门……）
（Zài 805 fángjiān, yǒu rén qiāo mén, Líndá yào qù kāi mén ......）

(In Room 805, someone is knocking at the door. Linda is to open the door ...)

劳拉：你别起来了，我去开门。
Láolā: Nǐ bié qǐlai le, wǒ qù kāi mén.

Laura: Stay still. I am going to open the door.

服务员：这是您的行李，我给您送来了。
Fúwùyuán: Zhè shì nínde xínglǐ, wǒ gěi nín sònglai le.

Waiter: This is your luggage. I brought it to you.

劳拉：进来吧，辛苦了，多谢！
Láolā: Jìnlai ba, xīnkǔ le, duō xiè!

Laura: Please come in. Thank you very much.

……

...

林达：不早了，我该回宿舍去了。
Líndá: Bù zǎo le, wǒ gāi huí sùshè qù le.

Linda: It's not early. It's time to go back to my dorm.

劳拉：明天六点过来吃晚饭吧。
Láolā: Míngtiān liù diǎn guòlai chī wǎnfàn ba.

Laura: Would you like to have dinner at 6pm tomorrow evening?

林达：好，我一下课就过来。
Líndá: Hǎo, wǒ yí xià kè jiù guòlai.

Linda: OK. I will come as soon as the class is over.

劳拉：我送送你。
Láolā: Wǒ sòngsong nǐ.

Laura: Then I am going to walk you to the door.

林达：我坐电梯下去，你回去吧，早点儿
Líndá: Wǒ zuò diàntī xiàqu, nǐ huíqu ba, zǎo diǎnr
休息。
xiūxi.

Linda: I will take the elevator down. Go back and sleep earlier.

| 14.开 | kāi | 动 (v.) | to open |
| 15.电梯 | diàntī | 名 (n.) | elevator; lift |

注释 Notes

不早了，我该回宿舍去了。

It is late and I should be back to my dorm.

"该……了" means "It is time to do something".

  语法讲练 Grammar

1. 简单趋向补语 The simple complement of direction:

"来"或"去"用在一些动词后面作补语表示动作的趋向，这种补语叫简单趋向补语。如果动作的方向是向着说话人的就用"来"，反之就用"去"。

When "来" or "去" is used after some verbs to function as a complement and indicates the direction of an action, this kind of complement is called the simple complement of direction. If the action is in the direction towards the speaker, "来" is used; if the opposite is the case, "去" is used.

例句：

（1）（说话人在房间里）外面冷，你进来吧。

（2）（说话人在楼下）我们上去吧。

（3）（说话人在家里）你什么时候回来？

宾语是处所词时，必须放在动词后面，"来/去"前面。宾语是非处所词时，可以放在"来/去"前面，也可以放在"来/去"后面。

If the object is a place or a location, it must be placed after the verb and before "来/去". If it is not a place or location, it can be placed before or after "来/去".

例句：

（1）他带了一些书来。/他带来了一些书。

（2）快上课了，我们进教室去吧。

　　*快上课了，我们进去教室吧。

（3）我已经回家来了。

　　*我已经回来家了。

用"来"或"去"完成对话 Complete the sentences with "来" or "去"：

（1）A：（在那边）你过_____吗？

　　　B：（在这边）我不过_____了，你走吧。

（2）A：（在外面）你什么时候回_____？

　　　B：（在家里）我已经回_____了。

（3）A：（在楼上）你等我一下儿，我现在就下_____。

　　　B：（在楼下）你别下_____了，我上_____。

2. 一……就…… ...as soon as ...:

"一……就……"连接一个复句。"一……就……" links a complex sentence to indicate:

❶ 表示后一个动作紧跟着前一个动作发生。

The second action immediately follows the first action.

例句：

（1）我一下课就回家。

（2）他一到美国就给我发了一个微信。

❷ 表示前面是原因或条件，后面是结果。

The first part is the cause or condition of the second part.

例如：

（1）他一感冒就发烧。

（2）我一有时间就看书。

连线并说句子 Match to make sentences:

吃完早饭	给爸爸妈妈打电话
有空儿	回宿舍休息
想家	听音乐
下课	去教室上课

会话实践 Dialogue practice

1. 回答问题 Answer the questions according to the texts:

对话1：

（1）劳拉要做什么？　　　　　　　　　　（2）她预订了吗？

（3）她要什么房间？住几晚？什么时候退房？

（4）现在有没有标准间？有什么房间？

（5）包括早饭吗？

对话2：

（1）劳拉要付多少押金？　　　　　　　　（2）可以用信用卡吗？

（3）劳拉住哪个房间？　　　　　　　　　（4）早饭从几点到几点？

对话3：

（1）服务员给劳拉送去了什么？　　　　　（2）林达说不早了，她该做什么了？

（3）明天林达什么时候过来吃晚饭？

2. 分角色表演课文对话

Memorize the dialogues and make a role play with your partners:

3. 活学活用

Make a similar dialogue based on the information given and present it in class:

×× 商务酒店

客房价目表

房间类型	房价
标准单人房	280
标准双人房	400
商务单人房	350
商务双人房	480
豪华房	800

● 退房时间为中午12点之前

● 房价不包括早餐，早餐另付，每位30元

● 若未交定金或无确切抵达时间，预订房间保留至当天下午6点，过时自动取消

根据这个客房价目表，分组讨论以下问题 Discuss the following questions in groups based on the tariff:

（1）你（们）想要哪种房间？

　　　A. 标准房（单人　双人shuāngrén, double）

　　　B. 商务房（单人　双人）

　　　C. 豪华房（háohuáfáng, deluxe room）

（2）几个人入住？住几晚？什么时候退房？

（3）要不要早饭？

（4）用信用卡还是现金付押金？

根据讨论的内容，模仿课文做一个对话并进行表演。建议包括以下词语和句子 Make a dialogue similar to the texts according to the content of this discussion and then perform it. The following words and sentences can be included:

（1）请问可以帮您吗？

（2）我要办理入住。

（3）可以用……付吗？

（4）能帮我送一下儿行李吗？

（5）V来　　V去

（6）一……就……

练习 Exercises

1. 根据课文内容说出完整的句子 Say sentences according to the dialogues:

（1）劳拉想要一个_____房，住_____，星期五_____。

（2）现在只有_____，房价包括_____。

（3）她用_____付了800元_____。

（4）服务员送_____了劳拉的_____。

（5）不早了，林达_____回宿舍去_____。

（6）明天她_____下课_____过来吃晚饭。

2. 朗读对话并在图中标出说话人A和B的位置
Read the dialogues and mark the locations of speakers A and B on the pictures:

（1）　A：你上来了吗。
　　　　B：我还没上去呢。

楼上　＿＿＿＿＿
楼下　＿＿＿＿＿

（2）　A：你回来了吗？
　　　　B：我一会儿就回去。

家

（3）　A：你过去吗？
　　　　B：我马上过去。

这边　　｜　那边

（4）　A：外面冷，你进房间来坐坐吧。
　　　　B：我有事儿，不进去了。

房间

3. 看图说话 Describe the pictures with "a place" and "V来" or "V去":

（1）

＿＿＿＿＿＿＿＿＿

（2）

＿＿＿＿＿＿＿＿＿

（3）

＿＿＿＿＿＿＿＿＿

（4）

＿＿＿＿＿＿＿＿＿

4. 用指定的句子完成对话 Complete the dialogues with the given patterns:

（1）　A：今天你什么时候去游泳？
　　　　B：＿＿＿＿＿＿＿＿＿＿。（一……就……）

（2）　A：我想看一会儿电视。
　　　　B：已经十二点了，＿＿＿＿＿＿，明天还要上课呢。（该……了）

（3）　A：今天我们买了很多东西。
　　　　B：是啊，已经晚上九点了，＿＿＿＿＿，你也回家休息吧。（该……了）

114

（4）　A：你喝咖啡吗？

　　　B：_____，我喝点儿水就行了。（一……就……）

5. 阅读并回答问题 Read and answer the questions:

××酒店入住登记表

房型：标准单人房		房号：1206	房价：350 元/天
押金：400 元		押金余额：　　　元	
姓名：杰克	☑先生　□女士		国籍/籍贯：澳大利亚
证件类型：护照		证件号码：890349	
地址：			
到达日期：2017.8.5		离开日期：2017.8.9	
付款方式：	□现金　☑信用卡　□转账支票　□旅行社　□其他		
备注	是否有贵重物品寄存：　□有　　☑无		
员工签名：张华		宾客签名：杰克	

（1）杰克住哪种房间？房间号是多少？

_____

（2）他住几晚？什么时候退房？

_____

（3）他付了多少押金？

_____

（4）他用现金还是信用卡付钱？

_____

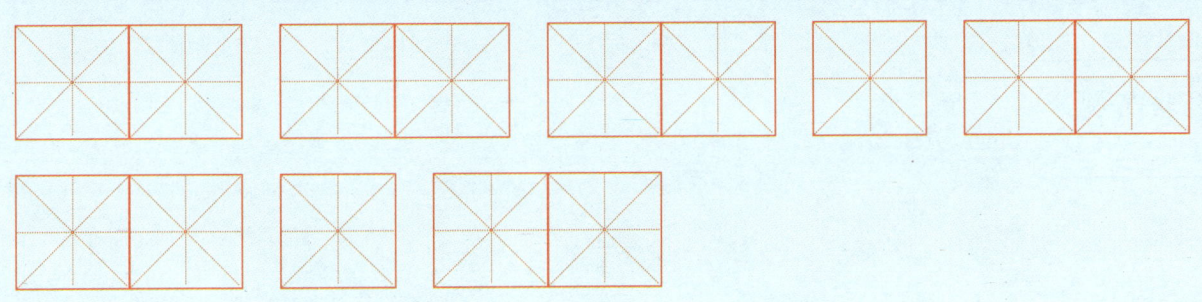

拓展　Advanced Practice

1. 听写汉字 Dictation:

2. 选词填空 Choose the words to complete the sentences:

预订　　查　　付　　办理　　包括

（1）请问您是用信用卡还是现金_____？

（2）喂，你好，请帮我_____一个标准单人间。

（3）这是什么字？我_____一下儿。

（4）对不起，房价（fángjià, room price）不____早餐，早餐每人20元。

（5）我吃了早饭就去前台（qiántái, reception）____退房手续。

3. 遇到下面的情况，用"V来"或"V去"怎么说
How to say sentences with "V来" or "V去" in these situations:

（1）你从图书馆借了一本书，回宿舍以后，你让同屋看看。
_____

（2）马丁想借你的自行车，但是昨天安娜已经借了。
_____

（3）你买了两斤苹果，想送给朋友，打电话问他在不在家。
_____

（4）教室的门没开，你不能进教室。林达来了，她问你怎么了。
_____

4. 完成对话 Complete the dialogue:

A：喂，是前台吗？我想预订一个房间。

B：_____？

A：我要一个双人间。有商务房吗？

B：您等等，_____。……对不起，现在我们只有标准房。

A：标准房也可以。_____？

B：一天的房价是300元。

A：_____？

B：包括早餐。

A：_____？

B：住两晚，后天早上退房。

A：_____?

B：信用卡和现金都行。

5. 表达 Expression:

根据练习5做一个对话并表演。**Make a dialogue based on Exercise 5 and perform it.**

1.

2.

3.

4.

5.

6.

7.

8.

9.

Wǒ shì zuò chūzūchē lái de

我是坐出租车来的

1. 宴请 招待
Treats

2. 评价交通
Assessment of Transportation

3. 询问近况
Asking about Recent Situation

热身准备 Warming-up

 1. 他们在哪儿? Where are they?在做什么? What are they doing?

 2. 他们可能在聊什么? What are they probably talking about?

 3. 你跟朋友好久没见，一起吃饭的时候聊什么? Your friend and you haven't seen each other for a long time. What do you chat about when you're having a meal together?

会话 Dialogue

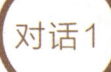 **Dialogue 1**

（在 饭店……）   (In the restaurant ...)
(Zài fàndiàn ......)

林达： 真 不好意思，我 来 晚 了。   Linda: I'm so sorry. I am late.
Líndá: Zhēn bùhǎoyìsi,   wǒ lái wǎn le.

劳拉：没 关系。快 请 坐 吧！想 喝 什么？
Láolā: Méi guānxi. Kuài qǐng zuò ba! Xiǎng hē shénme?

林达： 橙汁 吧。
Líndá: Chéngzhī ba.

劳拉： 好 的。服务员，请 来 两 杯 橙汁。
Láolā: Hǎo de. Fúwùyuán, qǐng lái liǎng bēi chéngzhī.

服 务 员：好，您 稍 等。
Fúwùyuán: Hǎo, nín shāo děng.

劳拉：宿舍 离 这儿 远 吗？
Láolā: Sùshè lí zhèr yuǎn ma?

林达：挺 远 的。
Líndá: Tǐng yuǎn de.

劳拉：是 坐 地铁 来 的 吗？
Láolā: Shì zuò dìtiě lái de ma?

林达：不 是。现在 是 下班 时间，地铁 太 挤 了，
Líndá: Bú shì. Xiànzài shì xiàbān shíjiān, dìtiě tài jǐ le,

　　　我 是 坐 出租车 来 的。
　　　wǒ shì zuò chūzūchē lái de.

劳拉：上海 的 出租车 很 好，不但 便宜， 而且
Láolā: Shànghǎi de chūzūchē hěn hǎo, búdàn piányi, érqiě

　　　很 方便。
　　　hěn fāngbiàn.

Laura: Never mind. Please take a seat. What would you like to drink?

Linda: Orange juice.

Laura: OK. Waiter, two cups of orange juice, please.

Waiter: OK, please wait a second.

Laura: Is it far from your dorm?

Linda: Yes.

Laura: Did you come by subway?

Linda: No. It's rush hour. The subway is too crowed. I came by taxi.

Laura: Taxi in Shanghai is very good — not only cheap but also convenient.

林达：对，不过 今天 堵车 堵得 真厉害。
Líndá: Duì, búguò jīntiān dǔ chē dǔde zhēn lìhai.

我 是 五 点 一 刻 出来 的，你看，
Wǒ shì wǔ diǎn yí kè chūlai de, nǐ kàn,

现在 才 到。
xiànzài cái dào.

Linda: Yes, but today the traffic is really heavy. I was out at a quarter past five. But you see, I just arrived.

劳拉：菜 来 了，吃 饭 吧，多 吃 点儿 啊。
Láolā: Cài lái le, chī fàn ba, duō chī diǎnr a.

Laura: Here comes the dishes. Let's get started. Help yourself to have more.

1.橙汁	chéngzhī	名(n.)	orange juice
2.稍	shāo	副(adv.)	slightly; a bit
3.挺	tǐng	副(adv.)	quite; rather
4.挤	jǐ	形(adj.)	crowded
5.出租车	chūzūchē	名(n.)	taxi
6.不但……而且……	búdàn...érqiě...	连(conj.)	not only ... but also ...
7.堵车	dǔ chē		traffic jam

对话2 **Dialogue 2**

（劳拉 和 林达 在 吃 晚饭……）
(Láolā hé Líndá zài chī wǎnfàn ......)

(Laura and Linda are having dinner ...)

劳拉：林达，你 是 什么 时候 来 上海 的?
Láolā: Líndá, nǐ shì shénme shíhou lái Shànghǎi de?

Laura: Linda, when did you come to Shanghai?

林达：上 个 月 来 的。
Líndá: Shàng ge yuè lái de.

Linda: Last month.

劳拉：是 自己 来 的 吗?
Láolā: Shì zìjǐ lái de ma?

Laura: By yourself?

林达：是 跟 一 个 朋友 一起 来 的。她 来 旅行
Líndá: Shì gēn yí ge péngyou yìqǐ lái de. Tā lái lǚxíng

的，不 是 来 学习 的。
de, bú shì lái xuéxí de.

Linda: No, with a friend. But she's here for travelling instead of studying.

劳拉：来 中国 学习 是 一 个 很 好 的 机会。
Láolā: Lái Zhōngguó xuéxí shì yí ge hěn hǎo de jīhuì.

Laura: Studying in China is a great opportunity.

劳拉：对。我 不但 想 提高 汉语，而且 也 想
Láolā: Duì. Wǒ búdàn xiǎng tígāo Hànyǔ, érqiě yě xiǎng

了解 中国 的 文化。
liǎojiě Zhōngguó de wénhuà.

Linda: Yes. I want to not only improve my Chinese, but also know better about the chinese culture.

劳拉: 对 这儿的　生活　习惯　了吗?
Láolā: Duì zhèr de shēnghuó xíguàn le ma?

林达: 已经 习惯 了。劳拉，这次 你 是 从
Líndá: Yǐjīng xíguàn le. Láolā, zhè cì nǐ shì cóng
　　　香港　来　上海　的吧?
　　　Xiānggǎng lái Shànghǎi de ba?

劳拉: 对，我 是 去 开会 的。开 完 会 以后，
Láolā: Duì, wǒ shì qù kāihuì de. Kāi wán huì yǐhòu,
　　　公司 派 我 到　上海　和 西安 了解
　　　gōngsī pài wǒ dào Shànghǎi hé Xī'ān liǎojiě
　　　一些　情况。
　　　yìxiē qíngkuàng.

林达: 什么　时候 去 西安?
Líndá: Shénme shíhòu qù Xī'ān?

劳拉: 明天　　晚上。
Láolā: Míngtiān wǎnshang.

林达: 祝 你 一路 顺利!
Líndá: Zhù nǐ yílù shùnlì!

劳拉: 谢谢! 也 祝 你 学习 顺利!
Láolā: Xièxie! Yě zhù nǐ xuéxí shùnlì!

Laura:	Have you got accustomed to the life here?
Linda:	Yes. Laura, did you come from Hong Kong this time?
Laura:	Yes. I went there to have a meeting. After the meeting, my company sent me to Shanghai and Xi'an to know some information.
Linda:	When do you leave for Xi'an?
Laura:	Tomorrow evening.
Linda:	Have a safe trip.
Laura:	Thank you. And study well!

8. 自己	zìjǐ	代 (pron.)	oneself
9. 旅行	lǚxíng	动 (v.)	to travel
10. 机会	jīhuì	名 (n.)	opportunity
11. 了解	liǎojiě	动 (v.)	to know; to be acquainted
12. 文化	wénhuà	名 (n.)	culture
13. 生活	shēnghuó	名 (n.)	life
		动 (v.)	to live
14. 习惯	xíguàn	动 (v.)	to be accustomed to
		名 (n.)	habit
15. 开会	kāihuì	动 (v.)	to have a meeting
16. 情况	qíngkuàng	名 (n.)	situation
17. 顺利	shùnlì	形 (adj.)	smooth

专有名词 Proper nouns:

1. 香港	Xiānggǎng	**Hong Kong**
2. 西安	Xī'ān	**Xi'an**

123

注释 Notes

您稍等。Please wait a second.

"稍"强调很短的时间，"稍等"意思是"等一下儿"。
"稍" emphasizes a very short time. "稍等" means "wait a moment".

 语法讲练 Grammar

1. 是……的:

"是……的"用来强调已经发生的动作的时间、地点、方式、目的等。"是"放在被强调的部分之前，有时可以省略；"的"放在句尾。否定形式是"不是……的"，否定式中"是"不能省略。

The structure "是……的" is used to emphasize the time, place, manner and purpose of an action that has already occurred in the past. "是" is placed before the part to be emphasized and it can be omitted sometimes. "的" is placed at the end of the sentence. Its negative form is "不是……的" and in this form "是" can't be omitted.

例句：
（1）我（是）上个月来的。　　我不是昨天来的。
（2）这本书（是）在加拿大买的。　这本书不是在日本买的。
（3）我（是）坐飞机来的。　　我不是坐火车来的。
（4）我（是）来工作的。　　我不是来学习的。

动词有名词作宾语时，宾语也可以放在"的"的后面。
If the verb takes a noun as its object, the object can also be placed after "的".

例句：
（1）他是去年来上海的。/他是去年来的上海。
（2）我是在美国学汉语的。/我是在美国学的汉语。

模仿例句说句子 Say sentences by following the example:

例：我是7月来的，不是6月来的。

（1）＿＿＿＿＿＿＿＿＿＿＿＿，不是走路来的。

（2）我是来旅行的，＿＿＿＿＿＿＿＿＿＿。

（3）他是从上海去的美国，＿＿＿＿＿＿＿＿＿。

2. 不但……而且…… not only... but also...:

"不但……而且……"连接一个复句，表达递进的意义。两个分句有同一个主语时，主语用在"不但"前面；两个分句的主语不同时，两个主语分别用在"不但"和"而且"的后面。

"不但……而且……" links a complex sentence. It is used to indicate a further development in meaning in the second clause from what is stated in the first one. If two clauses share the same subject, the subject is placed before "不但". If two clauses have different subjects, the first subject is placed after "不但" and the second subject is placed after "而且".

例句：

（1）他不但会说汉语，而且说得很好。

（2）不但他会说汉语，而且他女朋友也会说汉语。

用"不但……而且……"说句子　Say sentences with "不但……而且……"：

（1）他会游泳　　　　　　　他游得很快

_____

（2）她喜欢吃中国菜　　　　她会做中国菜

_____

（3）那个点心很好看　　　　那个点心非常好吃

_____

（4）我足球踢得很好　　　　我哥哥足球踢得很好

_____

 会话实践 Dialogue practice

1. 回答问题 Answer the questions according to the texts:

对话1：

（1）林达的宿舍离饭店远不远？她是怎么来的？

（2）为什么她没坐地铁？

(3) 劳拉觉得上海的出租车怎么样？

(4) 为什么林达来晚了？

对话2：

(1) 林达是什么时候来上海的？她是自己来的吗？

(2) 为什么林达来中国学习？

(3) 她对这儿的生活习惯了吗？

(4) 这次劳拉从哪儿来上海的？她是去做什么的？

(5) 公司派劳拉去上海和西安做什么？

(6) 她什么时候去西安？

2. 分角色表演课文对话

Memorize the dialogues and make a role play with your partners:

3. 活学活用

Make a similar dialogue based on the information given and present it in class:

两人一组讨论以下问题 Discuss the following questions in pairs:

(1) 你跟朋友说好几点在饭店吃饭？

(2) 你是怎么来饭店的？

    A. 坐出租车　B. 坐地铁　C. 坐公共汽车　D. 走路　E. _____

(3) 你来晚了，是因为_____。

    A. 堵车堵得厉害

    B. 出租车/公共汽车（gōnggòng qìchē, bus）太少

    C. 不知道路，找了很久

    D. 下班时间，地铁/公共汽车太挤了，你没上去。

    E. _____

(3) 你是什么时候来中国的？是自己来的吗？

(4) 朋友是什么时候来中国的？是从哪儿来的？是自己来的吗？

（5）朋友是来做什么的？

　　A. 出差（chūchāi, to be on a business trip）　B. 工作　C.旅行　D.学习

　　E. _____

根据讨论的内容，模仿课文做一个对话并进行表演。建议包括以下词语和句子
Make a dialogue similar to the texts according to the content of this discussion and then perform it. The following words and sentences can be included:

（1）是……的 / 不是……的

（2）不但……，而且……

（3）挺……的

（4）不好意思，我来晚了。

（5）对这儿的生活习惯了吗？

（6）祝你一路顺利！

练习 Exercises

1. 根据课文内容说出完整的句子 Say sentences according to the dialogues:

（1）下班时间，地铁_____。林达不是坐地铁来的，她是_____。

（2）劳拉觉得上海的出租车不但_____，而且_____。

（3）今天_____，所以林达迟到了。

（4）林达不是自己来的，是跟_____一起来的。

（5）她不但想_____，而且也想_____。

（6）她对上海的生活已经_____。

（7）劳拉是从_____来上海的。她是去_____的。

2. 根据所给信息用"是……的"句做对话
Make dialogues with "是…的" based on the given information:

	什么时候	从哪儿	怎么	跟谁	做什么
（1）张老师	昨天	香港	坐飞机	自己	开会

_____

（2）　马丁　　　上个月　　　　法国　　　　坐飞机　　　哥哥　　　学习汉语

_____

（3）　小王　　　去年　　　　　北京　　　　坐火车　　　朋友　　　旅行

_____

（4）　杰克　　　今天早上　　　宿舍　　　　走路　　　　安娜　　　看朋友

_____

3. 用"不但……而且……"怎么说
How to say "不但……而且……" sentences in these situations:

（1）　A: 我们去哪儿吃午饭？

　　　B: 去学校对面那家比萨店吧，_____。

（2）　A: 听说卡洛斯会跳桑巴舞。

　　　B: 是的，_____。

（3）　A: 你们是怎么去北京的？

　　　B: 我们坐火车去的，_____。

4. 完成对话 Complete the dialogues:

（1）　A: _____，我来晚了。

　　　B: 没关系，_____。_____?

　　　A: 咖啡吧。

　　　B: 好的。服务员，_____。

（2）　A: _____?

　　　B: 我是坐地铁来的。

　　　A: 上海的地铁怎么样？

　　　B: 很好。不但_____，而且_____。

（3）　A: _____?

　　　B: 我后天就要回国了。

A: _____!

B: 谢谢。

5. 阅读短文并回答 Read this passage and answer the questions:

　　我是今年三月坐飞机来北京的。我是跟同事们一起来北京工作的。我已经习惯了这儿的生活。我觉得北京的地铁不错，不但方便，而且很便宜。出租车也很方便，但是有时候堵车堵得厉害。上星期公司派我去上海出差了。我是坐火车去的。我去了解了上海市场（shìchǎng，market）的一些情况。

（1）他是什么时候来北京的？

（2）他是来做什么的？

（3）他觉得北京的地铁和出租车怎么样？

（4）上星期他去哪儿了？

（5）他是去旅行的吗？

拓展 Advanced Practice

1. 听写汉字 Dictation:

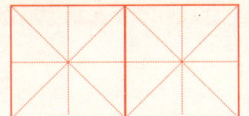  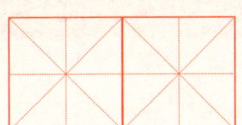 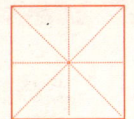

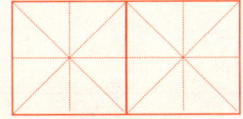  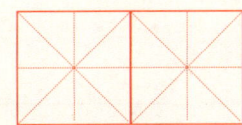 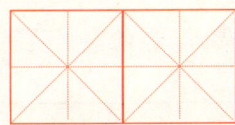

2. 选词填空 Choose the words to complete the sentences:

习惯　　挺　　了解　　挤　　情况

（1）这个菜_____辣的，我的嗓子疼，不能吃。

（2）我刚认识他，还不_____他。

（3）他刚来中国，还不_____吃中国菜。

（4）周末很多人去购物中心买东西，所以那儿非常_____。

（5）你有空儿吗，我想跟你聊聊最近的工作_____。

3. 完成对话 Complete the dialogue:

A: 你是什么时候来中国的？

B: _____。

A: 是怎么来的？

B: _____。

A: _____？

B: 不是，是跟我女朋友一起来的。

A: _____？

B: 不是，我是来工作的。

A: _____？

B: 我已经习惯了。我女朋友还有点儿不习惯。

A: _____！

B: 谢谢！

4. 根据实际情况回答问题 Answer the questions according to your actual situations:

（1）你是什么时候来中国的？

_____

（2）你是怎么来的？

_____

（3）你是在哪儿坐的飞机/火车？

_____

（4）你是自己来的吗？

_____

（5）你是来做什么的？

_____

（6）昨天你去哪儿了？是怎么去的？是去做什么的？

_____

（7）今天你上课了吗？是几点到教室的？是怎么来的？是自己来的吗？

_____

5. 做一个对话并表演 Make a dialogue and perform it:

劳拉回国以后，跟林达的妈妈见面了。她们聊了劳拉这次去中国的事儿，还聊了劳拉和林达见面的情况以及和林达在上海的学习和生活。

1.

2.

3.

4.

5.

6.

7.

8.

9.

11

Wǒ méi qùguo Xīntiāndì

我没去过新天地

1. 谈经历
Talking about Experience

2. 评价
Commenting

热身准备 Warming-up

 1.你知道这些地方吗？ Do you know these places?

新天地
Xīntiāndì

石库门
Shíkùmén

豫园
Yùyuán

东方明珠
Dōngfāngmíngzhū

外滩
Wàitān

上海迪士尼
Shànghǎi Díshìní

环球金融中心
Huánqiú Jīnróng Zhōngxīn

 2. 你去过这些地方吗？ Have you been to these places?

 3. 你最喜欢哪个地方？为什么？ Which place is your favourite? Why?

会话 Dialogue

对话1　Dialogue 1 🎧

马丁：杰克，星期天我 找过 你两次，你都
Mǎdīng: Jiékè, xīngqītiān wǒ zhǎoguo nǐ liǎng cì, nǐ dōu
　　　不在。
　　　bú zài.

杰克：我 去新天地玩儿了。
Jiékè: Wǒ qù Xīntiāndì wánr le.

马丁：新天地是什么地方？
Mǎdīng: Xīntiāndì shì shénme dìfang?

杰克：是 上海一个很 有名 的景点。
Jiékè: Shì Shànghǎi yí ge hěn yǒumíng de jǐngdiǎn.

马丁：我 没去过 新天地。那儿 怎么样？
Mǎdīng: Wǒ méi qùguo Xīntiāndì. Nàr zěnmeyàng?

杰克：我是第一次去。那儿有 时尚的饭店、
Jiékè: Wǒ shì dì yī cì qù. Nàr yǒu shíshàng de fàndiàn、

Martin: Jack, I looked for you twice on Sunday, but couldn't find you.

Jack: I went to Xintiandi.

Martin: What is Xintiandi?

Jack: It's a very famous scenic spot in Shanghai.

Martin: I haven't been to Xintiandi. What is it like?

Jack: It's my first time there. There are a lot of fashionable restaurants, bars

酒吧和咖啡馆，还有　上海特色的
jiǔbā hé kāfēiguǎn, hái yǒu Shànghǎi tèsè de
建筑。
jiànzhù.

and cafes, as well as buildings with Shanghai characteristics.

马丁：是不是叫"石库门"？我在书　上
Mǎdīng: Shì bu shì jiào "Shíkùmén"? Wǒ zài shū shang
看过　介绍。
kànguo jièshào.

Martin: Are they called "Shikumen"? I read about them in a book.

杰克：对！又　传统　又　现代，漂亮　极了。
Jiékè: Duì! Yòu chuántǒng yòu xiàndài, piàoliang jíle.

Jack: Yeah! The style is very special — both traditional and modern. Very beautiful!

马丁：太　棒了！下次一定去　看看。杰克，
Mǎdīng: Tài bàng le! Xià cì yídìng qù kànkan. Jiékè,
在　上海　你还　参观过　哪些　地方？
zài Shànghǎi nǐ hái cānguānguo nǎxiē dìfang?

Martin: That's great! I must visit it next time. Jack, where else have you been in Shanghai?

杰克：我　参观过　豫园、　东方明珠、
Jiékè: Wǒ cānguānguo Yùyuán, Dōngfāngmíngzhū,
外滩和　环球金融　中心，还去过
Wàitān hé Huánqiú Jīnróng Zhōngxīn, hái qùguo
上海　迪士尼。
Shànghǎi Díshìní.

Jack: I visited Yu Garden, the Oriental Pearl TV Tower, the Bund, the Shanghai World Financial Center, and Shanghai Disneyland.

马丁：我　也去过一次豫园，非　常　热闹。
Mǎdīng: Wǒ yě qùguo yí cì Yùyuán, fēicháng rènao.

Martin: I've been to Yu Garden, too. It was bustling with activities.

杰克：是啊，豫园的　小吃很　有名。我　在
Jiékè: Shì a, Yùyuán de xiǎochī hěn yǒumíng. Wǒ zài
那儿吃过　两次　小笼包，味道　好
nàr chīguo liǎng cì xiǎolóngbāo, wèidao hǎo
极了！
jíle!

Jack: Yes. Snacks there are very famous. I had dumplings there twice. They tasted very good!

1. 过	guo	助 (particle)	aspect particle
2. 景点	jǐngdiǎn	名 (n.)	tourist attraction
3. 第	dì	头 (prefix)	indicating ordinal numbers
4. 时尚	shíshàng	形 (adj.)	fashionable
5. 酒吧	jiǔbā	名 (n.)	bar; pub
6. 特色	tèsè	名 (n.)	characteristic; distinguishing feature
7. 建筑	jiànzhù	名 (n.)	construction; architecture
8. 极了	jíle	助 (particle)	extremely
9. 传统	chuántǒng	形 (adj.)	traditional
		名 (n.)	tradition
10. 热闹	rènao	形 (adj.)	lively
11. 小吃	xiǎochī	名 (n.)	snack; local flavors

对话2 Dialogue 2 🎧

林达：安娜，上 次你去北京，有 什么 有意思 的
Líndá: Ānnà, shàng cì nǐ qù Běijīng, yǒu shénme yǒuyìsi de
经 历？
jīnglì?

Linda: Anna, did you have any interesting experience the last time you went to Beijing?

安娜：朋友 邀请 我 看了一次 京剧 表演。
Ānnà: Péngyǒu yāoqǐng wǒ kàn le yí cì jīngjù biǎoyǎn.

Anna: My friend invited me to watch a Beijing Opera show.

林达：我 听说过 京剧，但是 没 看过。你觉得
Líndá: Wǒ tīngshuōguo jīngjù, dànshì méi kànguo. Nǐ juéde
怎么样？
zěnmeyàng?

Linda: I've heard about Beijing Opera, but I've never seen it before. How did you like it?

安娜：精彩 极了。虽然 我 不 懂 什么 意思，但是
Ānnà: Jīngcǎi jíle. Suīrán wǒ bù dǒng shénme yìsi, dànshì
觉得 很 好听。
juédé hěn hǎotīng.

Anna: Wonderful! I didn't know the meaning, but it sounded beautiful.

林达：你 读过 中国 小说 没有？
Líndá: Nǐ dúguo Zhōngguó xiǎoshuō méiyǒu?

Linda: Have you ever read Chinese novels?

安娜：在 俄罗斯 的 时候，我 读过 一 本 中国 小
Ānnà: Zài Éluósī de shíhou, wǒ dúguo yì běn Zhōngguó xiǎo
说，名字 是《三国演义》。
shuō, míngzi shì《Sānguó Yǎnyì》.

Anna: When I was in Russia, I read a Chinese novel *The Romance of the Three Kingdoms*.

林达：我 没 读过 中国 的 小说。有意思 吗？
Lín Dá: wǒ méi dúguo Zhōngguó de xiǎoshuō. Yǒuyìsi ma?

Linda: I haven't read Chinese novels. Is that interesting?

安娜：特别 有意思，不过 是 俄语 的。我 真 希望 以
Ānnà: Tèbié yǒuyìsi, búguò shì Éyǔ de. Wǒ zhēn xīwàng yǐ
后 能 看 懂 汉语 的 小说。
hòu néng kàn dǒng Hànyǔ de xiǎoshuō.

Anna: Great, but it is in Russian. I really wish I could read Chinese novels in Chinese.

12. 经历	jīnglì	名 (n.)	experience
		动 (v.)	to experience
13. 邀请	yāoqǐng	动 (v.)	to invite
14. 表演	biǎoyǎn	名 (n.)	performance
		动 (v.)	to perform
15. 精彩	jīngcǎi	形 (adj.)	wonderful
16. 意思	yìsi	名 (n.)	meaning
17. 小说	xiǎoshuō	名 (n.)	novel; fiction
18. 读	dú	动 (v.)	to read

专有名词 Proper nouns:

1. 新天地	Xīntiāndì	Shanghai Xintiandi
2. 石库门	Shíkùmén	Shikumen
3. 豫园	Yùyuán	Yu Garden
4. 东方明珠	Dōngfāng Míngzhū	the Oriental Pearl TV Tower
5. 环球金融中心	Huánqiú Jīnróng Zhōngxīn	Shanghai World Financial Center
6. 迪士尼	Díshìní	Disneyland
7. 北京	Běijīng	Beijing
8. 京剧	Jīngjù	Peking Opera
9. 俄罗斯	Éluósī	Russia
10.《三国演义》	Sānguó Yǎnyì	*The Romance of the Three Kingdoms*

注释 Notes

1. 我是第一次去。 It's my first time there.

数词前面加词头"第"表示序数。

An ordinal number is indicated in Chinese by adding the prefix "第" before a numeral.

2. ……极了 extremely

"极了"放在形容词和一些动词后面，表示极高的程度，如"精彩极了""漂亮极了""困极了""喜欢极了"。

"极了" is used after adjectives and some verbs to indicate an extreme degree, e.g. "精彩极了"，"漂亮极了"，"困极了"，"喜欢极了"。

语法讲练 Grammar

1. 表达过去的经历：动词+过 Indicating the past experience: Verb+过:

动态助词"过"用在动词后面表示动作曾在过去发生，在说话时已不再持续。强调过去的某种经历。

The aspect particle "过" is placed immediately after the verb to indicate that the action took place in the past and is no longer in progress. It is often used to emphasize the past experience.

肯定形式：动词+ 过(+宾语)

The affirmative form: verb + 过 (+object)

　　例句：

　　（1）我去过新天地。

　　（2）他吃过小笼包。

否定形式：没(有)+ 动词+ 过(+宾语)

The negative form: 没(有)+ verb + 过 (+object)

　　例句：

　　（1）我没有去过新天地。

　　（2）他没吃过小笼包。

正反疑问句形式：动词+ 过(+宾语)+没有？

The affirmative-negative question: verb + 过 (+object) + 没有？

　　例句：

　　（1）你去过新天地没有？

　　（2）他吃过小笼包没有？

注意：

① "过"必须用在动词的后面。"过" must be placed right after the verb.

② 在连动句中，"过"用在第二个动词的后面。"过" is placed after the second verb in a sentence with serial verb phrases.

　　例句：

　　（1）他去医院看过病。

　　（2）我坐火车去过北京。

> 选择填空，然后改写成否定句 Choose and fill in the blanks, and then change the sentences into negative forms:

参观过　 借过　 喝过　 教过

（1）我去图书馆＿＿＿＿书。　　　　（3）张老师＿＿＿＿我们汉语。

（2）麦克＿＿＿＿环球金融中心。　　（4）我＿＿＿＿中国白酒。

2. 动量补语 The complement of frequency:

动量补语由数词和动量词"次""遍""下"等组成。它说明动作的次数。"了"和"过"要放在动词后面，动量补语前面。

The complement of frequency is formed by a numeral and a verbal classifier such as "次"、"遍"、"下"，etc. It is used to indicate the frequency (how many times) of an action. "了" and "过" are placed after the verb and before the complement of frequency.

例句：

（1）他吃过两次。

（2）我读了五遍。

宾语是名词时，通常放在动量补语后面。宾语是代词时，通常放在动量补语前面。

When the object of the verb is a noun, it is usually placed after the complement of frequency. When the object is a pronoun, it is often placed before the complement.

例句：

（1）他吃过两次小笼包。

（2）我读了五遍课文（kèwén, text）。

（3）昨天我找过你两次。*昨天我找过两次你。

（4）我去过那儿一次。*我去过一次那儿。

补充：

除了表示动作的次数，"遍"还强调动作从开始到结束的整个过程。

In addition to indicating the frequency of an action, "遍" also emphasizes the whole process of an action from the beginning to the end.

除了表示动作的次数，"下"还强调动作时间短或使语气轻松随意。

Besides indicating the frequency of an action, "下" also emphasizes that the action is of a short duration or softens the tone of an expression.

> 把动量补语放在句中正确的位置 Place the complements of frequency at the right positions in the sentences:
>
> （1）我听A了B课文C。（三遍）
>
> （2）A你等B我C，我马上回来。（一下）
>
> （3）那个地方我去A参观B过C。（一次）
>
> （4）来中国以后，我踢A过B足球C。（两次）

会话实践 Dialogue practice

1. 回答问题 Answer the questions according to the texts:

对话1：

（1）新天地是什么地方？那儿有什么？

（2）马丁去过新天地吗？

（3）那种上海特色的建筑叫什么？马丁怎么知道的？

（4）杰克觉得石库门怎么样？

（5）在上海，杰克还参观过哪些地方？

（6）马丁去过几次豫园？他说怎么样？

（7）杰克在豫园吃过什么？他觉得怎么样？

对话2：

（1）安娜在北京有什么有意思的经历？

（2）林达看过京剧吗？听说过吗？

（3）安娜觉得京剧表演怎么样？

（4）安娜看过中国小说没有？什么小说？是俄语的还是汉语的？

（5）她希望以后能读懂什么？

2. 分角色表演课文对话

Memorize the dialogues and make a role play with your partners:

3. 活学活用

Make a similar dialogue based on the information given and present it in class:

分组讨论以下问题 Discuss the questions below in groups:

（1）　在上海，你去过_____，没去过_____。

豫园　　东方明珠　　外滩　　环球金融中心　　新天地　　田子坊　　朱家角

（Zhūjiājiǎo）　　上海迪士尼

（2）　你要给朋友介绍一个或者两个景点，你想介绍哪儿？你想介绍什么？

　　　　A. 是上海一个很有名的景点

　　　　B. 那儿的建筑很漂亮，很特别（传统　现代）

　　　　C. 那儿很好玩儿，很热闹

　　　　D. 那儿的风景（fēngjǐng, scenery, view）非常漂亮

　　　　E. 那儿有很棒的商店、咖啡馆、酒吧、饭店……

　　　　F. 那儿有很多小吃

　　　　G. _____

（3）　你看过_____，没看过_____。

　　　京剧　　　中国小说　　　中国舞　　　中国电影　　　中国电视剧（diànshìjù, TV series）

（4）　你想给朋友介绍_____，你想怎么介绍？

根据讨论的内容，模仿课文做一个对话并进行表演。建议包括以下词语和句子
Make a dialogue similar to the texts according to your discussion and then perform it.
The following words and sentences can be included:

（1）　V过

（2）　次 遍

（3）　……极了

（4）　……有什么有意思的经历？

（5）　我真希望以后……

练习 Exercises

1. 根据课文内容说出完整的句子 Say sentences according to the dialogues:

（1）　新天地是上海一个_____的景点，有很多_____，还有_____的建筑。

（2）　这种建筑叫_____，漂亮_____。

（3）　马丁去过_____豫园，那儿很_____。

（4）　杰克在那儿吃过两次_____，味道_____。

（5）　在北京，安娜的朋友_____她看了一次_____。

（6）　虽然不懂是什么_____，但是她觉得京剧_____。

（7）　安娜看过一本中国的_____，特别_____。

2. 排序 Reorder the words to make sentences:

（1） 过　两次　我　东方明珠　参观

_____

（2） 他　找　我　过　昨天　一次

_____

（3） 马丁　发　给　三次　微信　安娜　了

_____

（4） 写　十遍　老师　让　汉字　学生

_____

3. 选择填空 Choose the words to fill in the blanks:

A. 过　了

（1） 他20岁的时候在中国生活_____，所以懂一点儿汉语。

（2） 我听说_____《三国演义》，但是没看_____。

（3） 他给我送来_____一些苹果，挺甜的，你吃点儿吧。

（4） 昨天我下课以后就去银行办事儿_____。

B. 次　遍

（1） 对不起，我不懂你的意思，请你再说一_____，好吗？

（2） 上个月公司派他去了两_____香港。

（3） 这个歌真好听，我已经听了好几_____了。

4. 看图说话 Complete the dialogues according to the pictures:

（1）

A：你唱过卡拉OK吗？

B：＿＿＿＿＿＿＿＿。

A：唱过几次？

B：＿＿＿＿＿＿＿。

（2）

A：＿＿＿＿＿＿＿＿？

B：我去过上海博物馆。你呢？

A：去过几次？

B：＿＿＿＿＿＿＿？

（3）

A：你看过中国电影没有？

B：＿＿＿＿＿＿＿。

A：看过几次？

B：＿＿＿＿＿＿＿。

（4）

A：＿＿＿＿＿＿＿＿？

B：昨天我读课文了。

A：你＿＿＿＿＿＿＿？

B：我读了三遍。

5. 听后复述 Listen and retell:

拓展 Advanced Practice

1. 听写汉字 Dictation:

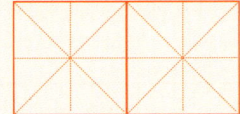  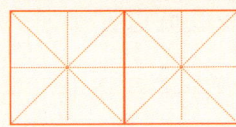 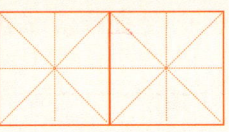

 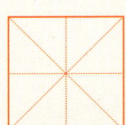 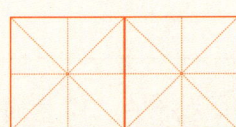 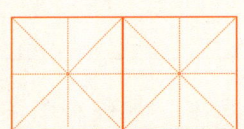

2. 选词填空 Choose the words to complete the sentences:

特色　　精彩　　热闹　　邀请　　意思

（1）明天你有空儿吗，我想_____你来我的生日晚会。

（2）对不起，我没学过，不知道这个词的_____。

（3）周末南京路非常_____，很多人在那儿逛街、吃饭。

（4）那个新电影你看过吗？_____极了。

（5）服务员，你们这儿有什么好吃的_____菜？

3. 完成对话 Complete the dialogue with the give words or patterns:

A：_____，你都不在。（找　次）

B：我去上海环球金融中心了。那个建筑非常现代，_____！（……极了）

A：以前你去过那儿吗？

B：没去过，_____。（第）

A：有机会我也去那儿玩玩儿。

B：我买了一张新的CD，是中国传统音乐。

A：怎么样？

B：我还没听呢，_____。（……吧）

A：太好了！_____，真想听一听。（没V过）

B：_____（听　次）。我非常喜欢！

（听了音乐以后）

A：真好听，_____！（再　遍）

4. 遇到下面的情况，用动量补语你要怎么说
How to say sentences with the complements of frequency in these situations:

（1）录音(lùyīn, recording)很快，你没听懂，告诉(gàosu, to tell)老师你想再听听。

_____

（2）同学们要去饭店吃饭，不知道饭店在哪儿。你去过那儿，可以带他们去。

_____

（3）你昨天晚上、今天上午和下午给朋友打电话了，她都没接。见面以后你问她。

_____

（4）你病了，早饭和午饭以后都吃药了。同屋问你今天有没有吃药。

_____

5. 表达 Expression：

①介绍一次旅行的经历。Introduce a travel experience.

②根据你自己在上海（所在城市）生活的经历，向你的家人介绍上海（所在城市）。Introduce Shanghai (the city where you study Chinese at present) to your family according to your life experience here.

Wǒ juéde hóng de bǐ lǎn de gèng piàoliang

12 我觉得红的比蓝的更漂亮

1. 比较
Comparison

2. 购物
Shopping

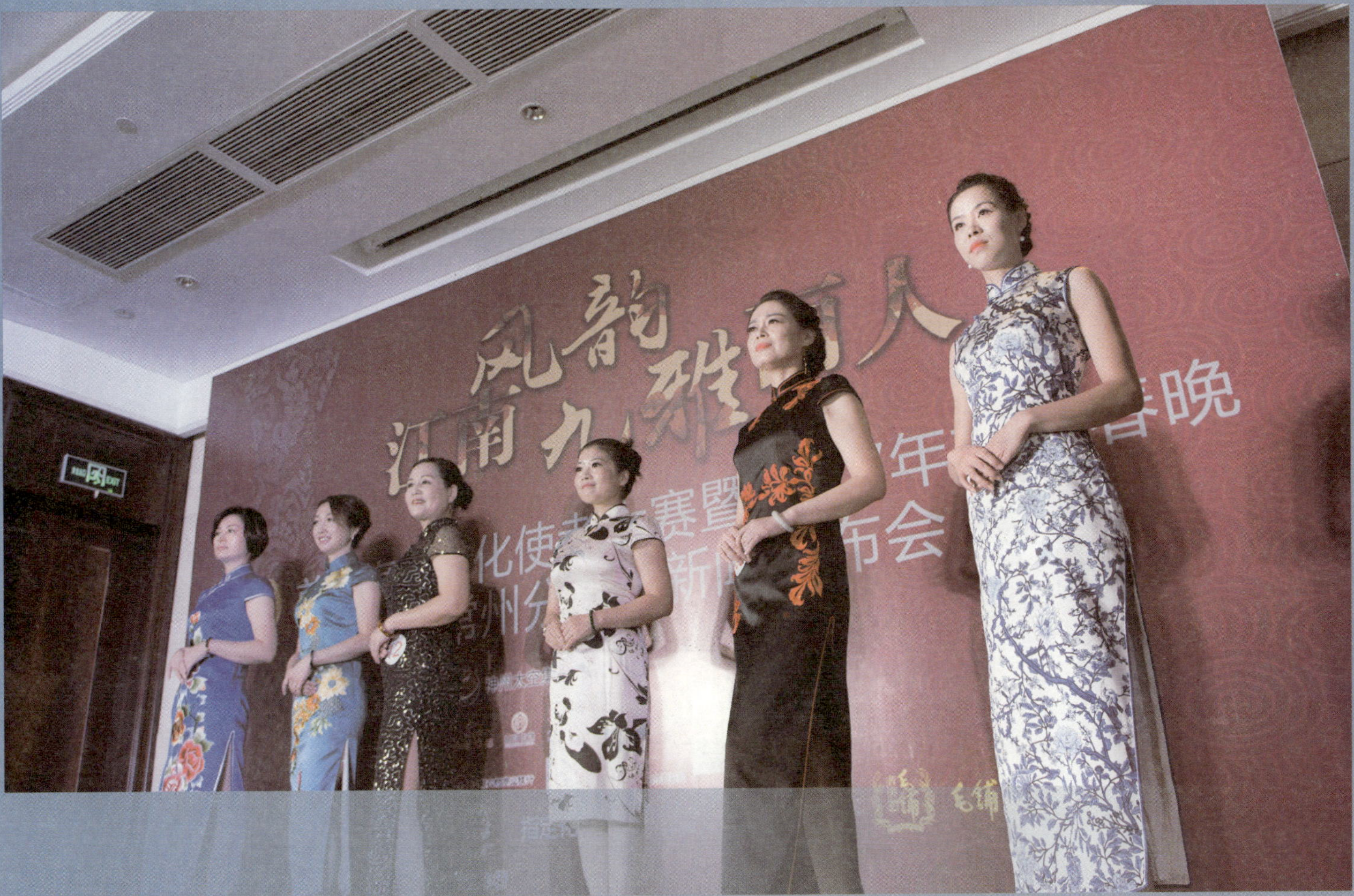

热身准备 **Warming-up**

 1. 这些用汉语怎么说? How to say these in Chinese?

茶
chá

筷子
kuàizi

京剧脸谱
jīngjù liǎnpǔ

刺绣
cìxiù

丝巾
sījīn

旗袍
qípáo

瓷器
cíqì

中国结
Zhōngguó jié

文房四宝
wénfángsìbǎo

2. 你想给家人买什么礼物? What gifts do you want to buy for your family?

会话 Dialogue

对话1 **Dialogue 1**

安娜：快 回国了，我在给家人 准备礼物 呢。
Ānnà: Kuài huí guó le, wǒ zài gěi jiārén zhǔnbèi lǐwù ne.

林达：哦，买了 什么 礼物？
Líndá: Ó, mǎile shénme lǐwù?

安娜：爸爸 喜欢 中国 茶，我给他买了
Ānnà: Bàba xǐhuan Zhōngguó chá, wǒ gěi tā mǎile
　　　龙井茶。给 妈妈 买了 两 条 丝巾。
　　　Lóngjǐngchá. Gěi māma mǎile liǎng tiáo sījīn.

林达：你哥哥呢？
Líndá: Nǐ gēge ne?

安娜：我 给他买了几本 中文 小说。这儿
Ānnà: Wǒ gěi tā mǎile jǐ běn Zhōngwén xiǎoshuō. Zhèr
　　　的 书比 我们 那儿便宜。
　　　de shū bǐ wǒmen nàr piányi.

林达：他也 会 说 汉语？
Líndá: Tā yě huì shuō Hànyǔ?

Anna: I'm coming home. I'm preparing presents for my family.

Linda: Oh, what did you buy?

Anna: Dad likes Chinese tea. I bought him Longjing tea. I bought two silk scarves for my mother.

Linda: What about your elder brother?

Anna: I bought several Chinese novels for him. The books here are cheaper than ours.

Linda: Can your brother speak Chinese?

安娜： 他 中学 就 开始 学 汉语 了，说得 比
Ānnà: Tā zhōngxué jiù kāishǐ xué Hànyǔ le, shuōde bǐ
　　　　我 好 多了。
　　　　wǒ hǎo duōle.

林达： 姐姐的 礼物 呢？
Líndá: Jiějie de lǐwù ne?

安娜： 还 没 买 呢。 听说   上海 的 旗袍
Ānnà: Hái méi mǎi ne. Tīngshuō Shànghǎi de qípáo
　　　　非常 有名，我 想给 她 买一件。
　　　　fēicháng yǒumíng, wǒ xiǎng gěi tā mǎi yí jiàn.

Anna: He started to learn Chinese in high school. He speaks much better than me.

Linda: What about your elder sister's gift?

Anna: Not yet. I heard that Shanghai cheongsam is very famous. I want to buy her one.

1.礼物	lǐwù	名 (n.)	gift; present
2.条	tiáo	量 (measure word)	for long, narrow objects, such as scarf, necktie, pants, road, etc
3.丝巾	sījīn	名 (n.)	silk scarf
4.开始	kāishǐ	动 (v.)	to begin; to start
5.旗袍	qípáo	名 (n.)	cheongsam; chi-pao
6.件	jiàn	量 (measure word)	for clothes, affairs, etc

对话2 **Dialogue 2**

（安娜和 林达 在 旗袍 店 里……）
（Ānnà hé Líndá zài qípáo diàn li …）

安娜： 这 两件 颜色 都很 好看。
Ānnà: Zhè liǎng jiàn yánsè dōu hěn hǎokàn.

营业员：红 的比蓝 的 长，是 传统 的
Yíngyèyuán: Hóng de bǐ lán de cháng, shì chuántǒng de
　　　　样子。蓝 的比 红 的 时尚 一些。
　　　　yàngzi. Lán de bǐ hóng de shíshàng yìxiē.

安娜： 多少 钱？
Ānnà: Duōshao qián?

(In the cheongsam shop ...)

Anna: These two cheongsams are nice-looking in color.

Shop assistant: The red one is longer than blue, and has the traditional look. The blue one is more fashionable than the red one.

Anna: How much are they?

营业员： 红 的 九百 元，蓝 的 比 红 的 便宜
Yíngyèyuán: Hóng de jiǔ bǎi yuán, lán de bǐ hóng de piányi
　　　　　两 百。
　　　　　liǎng bǎi.

安娜： 我 都 试试，可以 吗？
Ānnà: Wǒ dōu shìshi, kěyǐ ma?

营业员： 当然。您 穿 多大 的？
Yíngyèyuán: Dāngrán. Nín chuān duō dà de?

安娜： L 号 的。
Ānnà: L hào de.

营业员： 给 您。试衣间 在 右边。
Yíngyèyuán: Gěi nín. Shìyījiān zài yòubian.

Shop assistant: The red one is 900 yuan and the blue one is 200 yuan cheaper than the red one.

Anna: I'll try both, okay?

Shop assistant: Of course. What's your size?

Anna: L size.

Shop assistant: Here you are. Fitting room is on the right.

7.颜色	yánsè	名 (n.)	color
8.蓝	lán	名 (n.)	blue
9.长	cháng	形 (adj.)	long
10.样子	yàngzi	名 (n.)	looking; appearance; style
11.试	shì	动 (v.)	to try
12.穿	chuān	动 (v.)	to wear; to put on
13.试衣间	shìyījiān	名 (n.)	fitting room

对话3 **Dialogue 3**

（安娜 从 试衣间 出来……）
（Ānnà cóng shìyījiān chūlai ...... ）

林达： 我 觉得 红 的 比蓝 的 更 漂亮。
Líndá: Wǒ juéde hóng de bǐ lán de gèng piàoliang.

安娜： 我 也 更 喜欢 红 的。这件 打折 吗？
Ānnà: Wǒ yě gèng xǐhuān hóng de. Zhè jiàn dǎzhé ma?

营业员： 打八折，现在 买 很 合适。您 要
Yíngyèyuán: Dǎ bā zhé, xiànzài mǎi hěn héshì. Nín yào
　　　　　多 大 的？
　　　　　duō dà de?

(Anna comes out from the fitting room ...)

Linda: I think the red one is more beautiful than the blue one.

Anna: I prefer red, too. Is there any discount?

Shop assistant: Now it is 20% off so it is quite a bargain. Which size do you want?

林达：你姐姐比你高吗？
Líndá: Nǐ jiějie bǐ nǐ gāo ma?

安娜：我姐姐没有我高，比我瘦一点儿。
Ānnà: Wǒ jiějie méiyǒu wǒ gāo, bǐ wǒ shòu yìdiǎnr.

　　　她穿 M 号的很合适。
　　　Tā chuān M hào de hěn héshì.

营业员：好的，我给您拿 M 号的。请
Yíngyèyuán: Hǎo de,   wǒ gěi nín ná M hào de. Qǐng

　　　稍等。
　　　shāo děng.

Linda: Is your sister taller than you?

Anna: My sister is not as tall as me and she is thinner. She fits well with M size.

Shop assistant: OK, I'll get you the M size. Wait a moment please.

14.更	gèng	副 (adv.)	more
15.打折	dǎzhé	动 (v.)	to be on sale; discount
16.合适	héshì	形 (adj.)	suitable
17.瘦	shòu	形 (adj.)	thin; slim

专有名词 Proper nouns:

| 龙井茶 | Lóngjǐngchá | Longjing Tea |

注释 Notes

您穿多大的？ What is your size?

汉语用"多+远/高/大/长/久"询问距离、高度、大小/年龄、长度、时段等。
In Chinese "多+远(far)/高(tall)/大(large)/长(long)/久(long time)" is used to ask about distance, height, size/age, length, duration, etc.

（1）你家多远？
（2）他今年多大？
（3）你哥哥多高？

语法讲练 Grammar

"比"字句　The "比" sentence:

"比" 字句 "A比B……" 用来比较两者之间的差别。

The "比" sentence is used to show the difference between two persons, things or places by comparing in the pattern "A比B …".

a. A 比B + 形容词　A 比B + adjective

例句：

（1）他比我高。

（2）这本书比那本书贵。

b. A 比B + 动词+得 +形容词　　或者　　A+ 动词+得+比B +形容词

　　A 比B + verb+得 +adjective　　or　　A+ verb+得+比B +adjective

例句：

（1）他比我来得早。/他来得比我早。

（2）我比他睡得晚。/我睡得比他晚。

要表达大概的差别时，在形容词后面用"一点儿""一些"表达差别不大；用"得多""多了""很多"表达差别很大。

When we show the difference between A and B in a rough manner, we place "一点儿", "一些"after adjectives to show a small difference and "得多", "多了", "很多" after adjectives to show a big difference.

例句：

（1）他比我高一点儿。

（2）这本书比那本书贵多了。

要表达具体差别时，要在形容词后面用数量补语。数量补语由数量短语充当。

When we show the specific difference between A and B in quantity or degree, we place the complement of quantity after the adjectives. Numeral-classifier phrases work as this kind of complement.

例句：

（1）他比我大两岁。

（2）这本书比那本书贵30块。

（3）我比他睡得晚半个小时。

注意："比"字句中，形容词前面不能用"很、真、非常、太"等表示程度的副词，但是可以用"更"和"还"。

Notice: Adverbs as "很、真、非常、太"etc., which show degrees, can't be placed before adjectives in "比" sentences. But adverbs "更" and "还" can be used in this way.

"比"字句的否定用"没有"。"没有" is used for the negative form of "比" sentence.

例句：
（1）他比我高。　　　　　　　　他没有我高。
（2）他比我来得早。　　　　　　他没有我来得早。
（3）我比他睡得晚。　　　　　　我没有他睡得晚。

选择填空 Choose and fill in the blanks:

早两个小时　　　便宜10块钱　　　多5个学生　　　小3岁
（1）我们班比他们班＿＿＿＿＿＿＿＿＿＿。
（2）这个菜比那个菜＿＿＿＿＿＿＿＿＿＿。
（3）妹妹比我＿＿＿＿＿＿＿＿＿。
（4）我们国家比中国＿＿＿＿＿＿＿＿＿＿。

 会话实践 Dialogue practice

1. 回答问题 Answer the questions according to the texts:

对话1：
（1）最近安娜在准备什么？
（2）她给爸爸、妈妈、哥哥买了什么礼物？
（3）她哥哥会说汉语吗？说得怎么样？
（4）她想给姐姐买什么礼物？为什么？

对话2：
（1）营业员说红的旗袍怎么样？蓝的怎么样？
（2）安娜试了几件？
（3）安娜穿多大的？

对话3：
（1）林达觉得哪件更漂亮？
（2）安娜买哪件？打折吗？
（3）她给姐姐买多大的？为什么？

2. 分角色表演课文对话

Memorize the dialogues and make a role play with your partners:

3. 活学活用

Make a similar dialogue based on the information given and present it in class:

（1）两件旗袍（款式不同）　　　　　（2）两件男士唐装（款式不同）

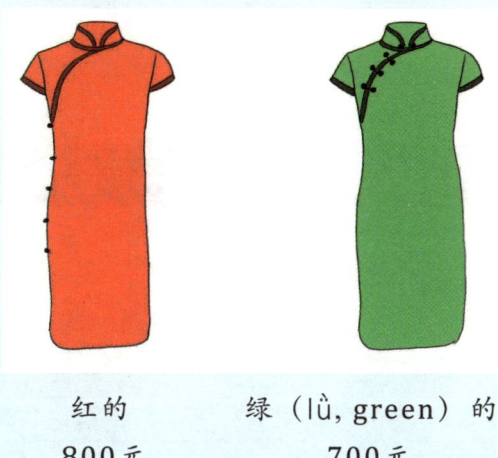

红的　　　　绿（lǜ, green）的　　　　黑（hēi, black）的　　　蓝的
800元　　　　700元　　　　　　　650元　　　　900元

结合图片分组讨论以下问题 Discuss the questions below in groups according to the pictures:

（1）你想给_____买一件_____。

（2）营业员给你介绍了两件衣服，她说_____

　　　A. 这两件是卖得最好的　　　　　B. 这两件打折，又好看又便宜

（3）你想都试试，你穿_____号的。

（4）你试了两件以后，要买_____，因为_____

　　　A. ……的比……的漂亮/时尚/传统

　　　B. ……的比……的舒服（shūfu, comfortable）

　　　C. ……的比……的便宜

　　　D._____

（5）你给_____买_____号的，因为他/她比你_____

　　　A. 高　　　B. 矮（ǎi, short）　　　C. 胖（pàng, fat）　　　D. 瘦

155

- -

根据讨论的内容，模仿课文做一个对话并进行表演。建议包括以下词语和句子 Make a dialogue similar to the texts according to your discussion and then perform it. The following words and sentences can be included:

（1）A 比 B + adj

（2）A 比 B + adj + 一点儿/一些/很多/多了/得多

（3）A 比 B + adj + 多少

（4）A 没有 B + adj

（5）更

练习 Exercises

1. 根据课文内容说出完整的句子 Say sentences according to the dialogues:

（1）安娜在给家人＿＿＿＿＿＿。

（2）她哥哥＿＿＿＿＿就开始学汉语了，说得＿＿＿＿＿＿。

（3）安娜听说＿＿＿＿＿＿，她想给姐姐买一件。

（4）红的比蓝的＿＿＿＿＿＿，是传统的样子，蓝的比红的＿＿＿＿＿＿。

（5）林达觉得红的比蓝的＿＿＿＿＿＿，安娜也＿＿＿＿＿＿红的。

（6）安娜的姐姐没有她＿＿＿＿＿＿，比她＿＿＿＿＿＿。

2. 说出下面"比"字句的否定句
Make the negative forms of the following "比" sentences:

（1）这件旗袍比那件长。

＿＿＿＿＿＿＿＿＿＿＿＿＿＿＿＿＿＿＿＿＿＿＿＿＿＿＿

（2）今天上海比北京热。

＿＿＿＿＿＿＿＿＿＿＿＿＿＿＿＿＿＿＿＿＿＿＿＿＿＿＿

（3）他比我唱歌唱得好听。

＿＿＿＿＿＿＿＿＿＿＿＿＿＿＿＿＿＿＿＿＿＿＿＿＿＿＿

（4）我比他喝咖啡喝得多。

＿＿＿＿＿＿＿＿＿＿＿＿＿＿＿＿＿＿＿＿＿＿＿＿＿＿＿

3. 按照例句说句子 Say sentences by following the example:

例如：他178cm　　　　我176cm
　　　　他比我高。/他比我高2cm。/他比我高一点儿。

（1）　我25岁　　　　姐姐28岁

_____

（2）　今天30度　　　　昨天22度

_____

（3）　我8:00来　　　　他8:03来

_____

（4）　坐地铁去20分钟　　　坐公共汽车去40分钟

_____

4. 看图完成对话 Make dialogues according to the pictures:

（1）

A: 这个房间比那个房间贵吗？

B: _____。

A: 这个房间比那个便宜多少？

B: _____。

（2）

A: _____?

B: 今天北京没有上海热。

A: _____?

B: 上海比北京高7度。

（3）
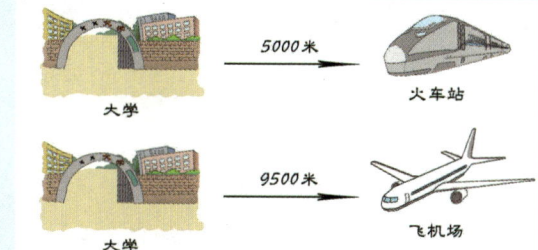

A: _____?

B: 火车站（huǒchē zhàn, railway station）
　　没有机场远。

A: _____?

B: 火车站比机场近4500米。

（4）

马丁　　　　　杰克

A: 马丁比杰克来得晚吗？

B: _____。

A: 马丁比杰克早几分钟？

B: _____。

5. 听后复述 Listen and retell:

....
....
....
....
....

拓展 Advanced Practice

1. 听写汉字 Dictation:

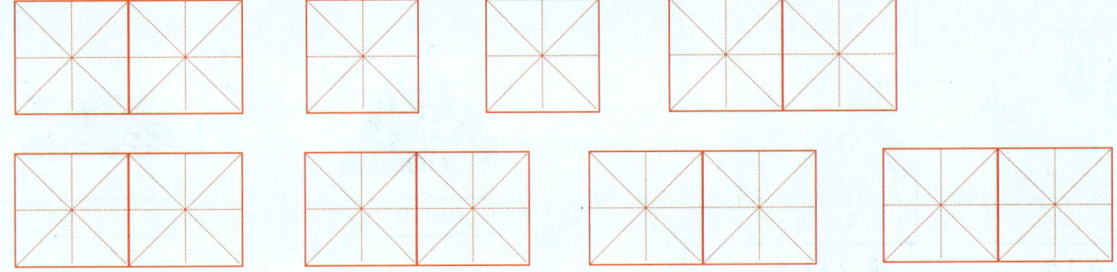

2. 选词填空 Choose the words to complete the sentences:

样子　　穿　　试　　打折　　合适　　多

（1）你可以_____一下，这件又漂亮又舒服。

（2）从大学到外滩有_____远？

（3）这件衣服颜色马马虎虎，不过_____不错。

（4）你_____多大号的，我给你拿。

（5）L号有点儿小，XL号的不大不小，正_____。

（6）这本书60块，_____以后是48块。

3. 完成对话 Complete the dialogues:

（1）　A：这两种是我们这儿卖得最好的。

　　　　B：都很漂亮。_____？

　　　　A：当然。_____？

B: 我穿M号的。_____？

A: 试衣间就在您后边。

（2）A: 您要哪双（shuāng, pair）鞋（xié, shoe）？

B: 我更喜欢黑的。红的_____，黑的_____。

A: 我也觉得您穿黑的非常漂亮。

B: _____？

A: 500块。

B: _____？

A: 打八折，打完折是400块。

4. 根据实际情况回答问题
Answer the questions according to your actual situations:

（1）马丁早上9点起床。你比他起得晚吗？

_____

（2）林达晚上11点睡觉。你比她睡得早吗？

_____

（3）山口每天学习6个小时。你比他学得多吗？

_____

（4）杰克游100米用1分30秒。你比他游得快吗？

_____

（5）你的城市的东西比上海贵吗？

_____

（6）昨天比今天热/冷（lěng, cold）吗？

_____

5. 表达 Expression:

① 说说你想从中国给家人和朋友买什么礼物。Talk about the gifts you want to buy for your family and friends from China.

② 如果中国朋友去你的国家旅行，他回国的时候你推荐他买什么礼物？If a Chinese friend goes to travel in your country, what gifts you will recommend him to buy before he comes back?

1.

2.

3.

4.

5.

6.

7.

8.

9.

1. 谈天气和气候
Talking about Weather and Climate

2. 感叹
Exclamation

热身准备 Warming-up

1.读一读 Read

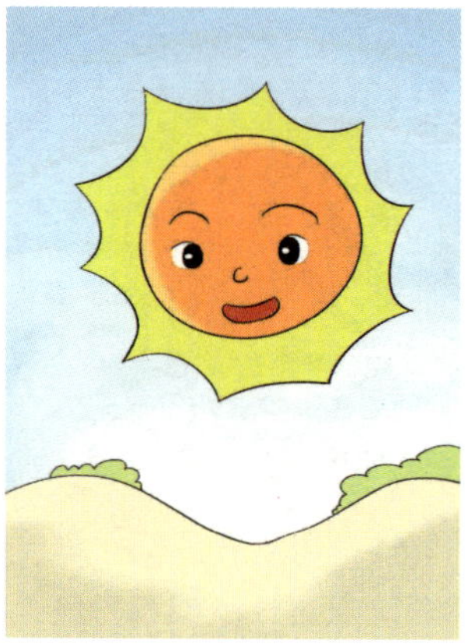

晴
qíng

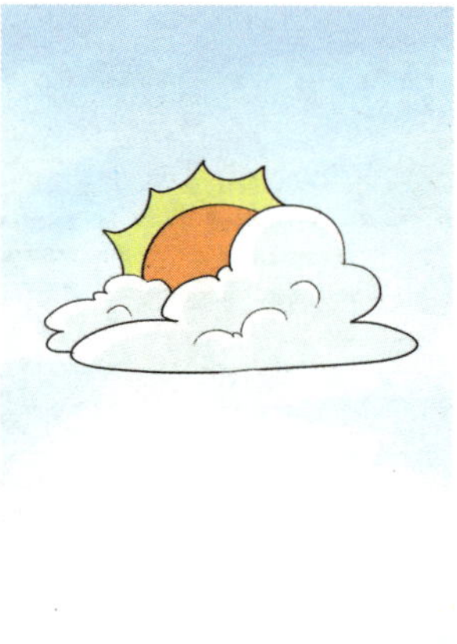

多云
duōyún

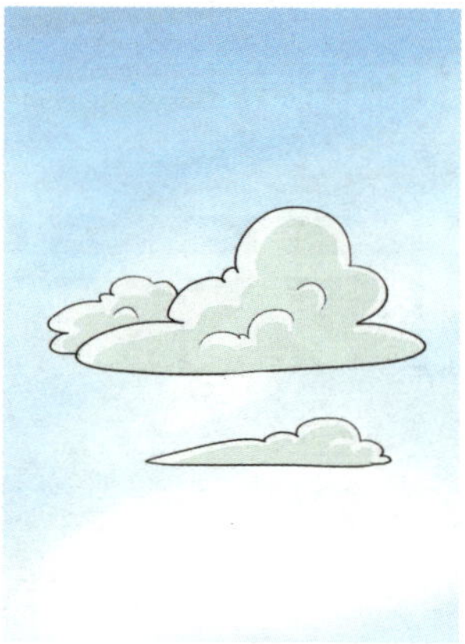

阴
yīn

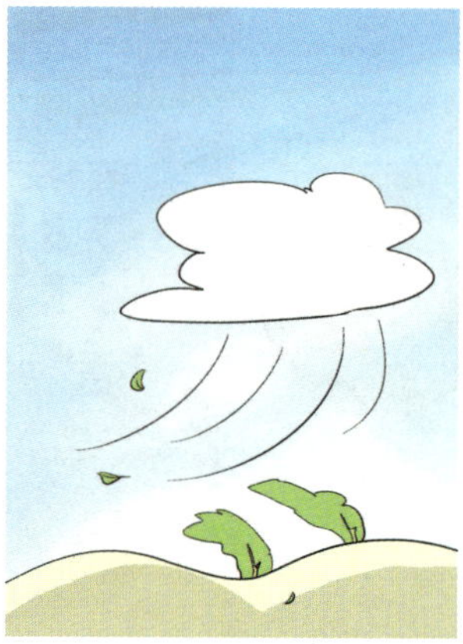

刮风
guāfēng

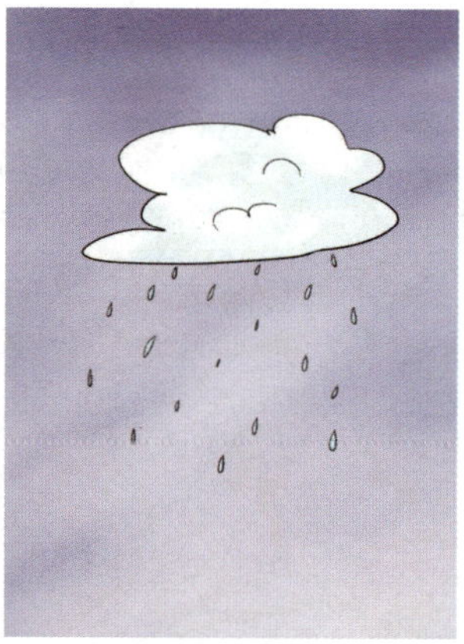

下雨
xiàyǔ

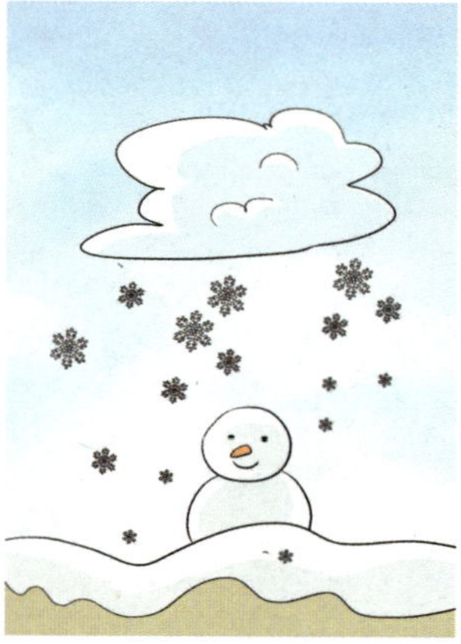

下雪
xiàxuě

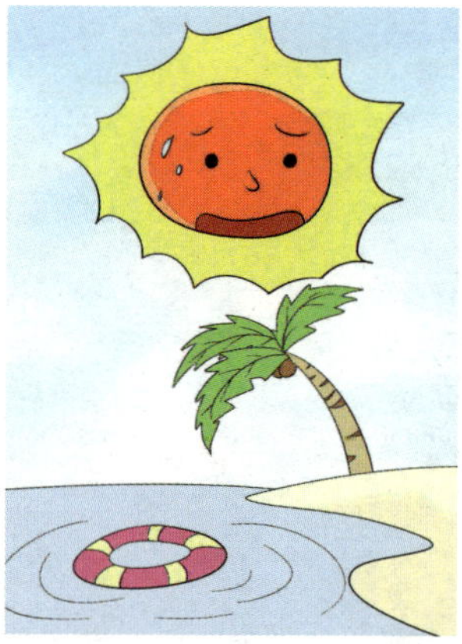

热
rè

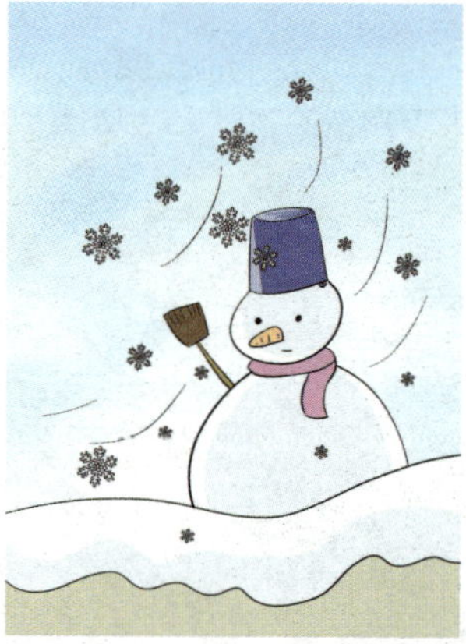

冷
lěng

2. 今天的天气怎么样？昨天的呢？ How's the weather today? What about yesterday?

3. 你的家乡夏天/冬天的天气怎么样？ What is it like in summer/winter in your hometown?

会话 Dialogue

对话1 Dialogue 1

（在 咖啡馆……）
（Zài kāfēiguǎn ......）

杰克：阴天了，就要 下雨 了。
Jiékè: Yīntiān le, jiùyào xiàyǔ le.

　王　小明： 刚才 还是 晴天 呢。啊，
Wáng Xiǎomíng: Gāngcái háishì qíngtiān ne.　À,
　　　　下雨 了!
　　　　xiàyǔ le!

杰克：下得 真 大! 上海 夏天 常常
Jiékè: Xiàde zhēn dà! Shànghǎi xiàtiān chángcháng
　　下雨。
　　xiàyǔ.

(In the coffee bar ...)

Jack: It's cloudy! It's going to rain.

Wang Xiaoming: Just now it was sunny.
　　　　　Ah, it's raining!

Jack: It's raining heavily. It often rains in
　　summer in Shanghai.

王 小明： 上海 夏天太热了，最高
Wáng Xiǎomíng: Shànghǎi xiàtiān tài rè le, zuì gāo

气温 三 十 八 九 度 呢。悉尼
qìwēn sān shí bā jiǔ dù ne. Xīní

的 夏天 怎么样？
de xiàtiān zěnmeyàng?

Wang Xiaoming: It's too hot in summer in Shanghai. The maximum temperature could be 38 or 39 degrees. What's the summer like in Sydney?

杰克： 中午 很热，早上 晚上 凉快，
Jiékè: Zhōngwǔ hěn rè, zǎoshang wǎnshang liángkuai,

气温 变化 比较 大。上海 冬天 冷
qìwēn biànhuà bǐjiào dà. Shànghǎi dōngtiān lěng

不 冷？
bu lěng?

Jack: It's hot at noon, and cool in the morning and evening. The temperature changes a lot. Is it cold in winter in Shanghai?

王 小明： 很 冷。 有时候 下雨，不过
Wáng Xiǎomíng: Hěn lěng. Yǒushíhou xiàyǔ, búguò

很少 下雪。
hěnshǎo xiàxuě.

Wang Xiaoming: It's cold. Sometimes it rains, but it seldom snows.

杰克： 春天 和 秋天 呢？
Jiékè: Chūntiān hé qiūtiān ne?

Jack: What about spring and autumn?

王 小明： 春 秋天 最舒服，不 冷 也
Wáng Xiǎomíng: Chūn qiū tiān zuì shūfu, bù lěng yě

不 热。
bú rè.

Wang Xiaoming: Spring and autumn are the most comfortable, neither cold nor hot.

杰克： 你看，不下了。我们 去 散散 步 吧。
Jiékè: Nǐ kàn, bú xià le, wǒmen qù sànsan bù ba.

Jack: Look, the rain has stopped. Let's go for a walk.

王 小明： 好， 走 吧！
Wáng Xiǎomíng: Hǎo, zǒu ba.

Wang Xiaoming: OK, let's go!

1. 阴天	yīntiān		overcast
2. 刚才	gāngcái	副 (adv.)	just now
3. 晴天	qíngtiān		sunny
4. 夏天	xiàtiān	名 (n.)	summer
5. 气温	qìwēn	名 (n.)	temperature
6. 凉快	liángkuai	形 (adj.)	cool

7. 变化	biànhuà	名 (n.)	change
		动 (v.)	to change
8. 冬天	dōngtiān	名 (n.)	winter
9. 下雪	xiàxuě	动 (v.)	to snow
10. 春天	chūntiān	名 (n.)	spring
11. 秋天	qiūtiān	名 (n.)	autumn
12. 舒服	shūfu	形 (adj.)	comfortable
13. 散步	sànbù	动 (v.)	to go for a walk

对话2 Dialogue 2 🎧

马 丁：教室 里 好 热 啊！
Mǎdīng: Jiāoshì li hǎo rè a!

安娜：空调 坏 了，一会儿 办公室 派 人
Ānnà: Kōngtiáo huài le, yíhuìr bàngōngshì pài rén
来 修。
lái xiū.

马 丁：最近 高温，我 一 回 房间 就 不
Mǎdīng: Zuìjìn gāowēn, wǒ yì huí fángjiān jiù bù
想 出去了。
xiǎng chūqu le.

安娜：我 也是。明天 天气 怎么样？
Ānnà: Wǒ yě shì. Míngtiān tiānqì zěnmeyàng?

马 丁：我 查查 天气 预报。……明天 晴
Mǎdīng: Wǒ chácha tiānqì yùbào. ...... Míngtiān qíng
转 多云，二十 九 度 到 三 十 六 度。
zhuǎn duōyún, èr shí jiǔ dù dào sān shí liù dù.

Martin: It's so hot in the classroom!

Anna: The air-conditioner is broken, and the office will send someone to repair it later.

Martin: The temperature is high recently. As soon as I come back to my room, I don't want to go out.

Anna: Me too. What will the weather be like tomorrow?

Martin: Let me check the weather forecast ... Tomorrow will be cloudy and it will be 29 degrees to 36 degrees.

安娜：太 热 了，比 今天 还 热。
Ānnà: Tài rè le, bǐ jīntiān hái rè.

马 丁：哎，外边 刮风 了。我 开 一下儿 窗户，
Mǎdīng: Āi, wàibian guāfēng le. Wǒ kāi yíxiàr chuānghu,

 可以 吗？
 kěyǐ ma?

安娜：当然。
Ānnà: Dāngrán.

马 丁：啊，凉快 多 了！
Mǎdīng: À, liángkuai duō le!

Anna: Too hot. It will be hotter than it is today.

Martin: Hey, it's breezing outside. May I open the window?

Anna: Of course.

Martin: Oh, it's much cooler!

14. 空调	kōngtiáo	名 (n.)	air-conditioner
15. 坏	huài	动 (v.)	to break; to be broken
16. 修	xiū	动 (v.)	to repair
17. 转	zhuǎn	动 (v.)	to shift
18. 多云	duōyún	形 (adj.)	cloudy
19. 刮风	guāfēng	动 (v.)	(wind) blow
20. 窗户	chuānghu	名 (n.)	window

专有名词 Proper nouns:

| 悉尼 | Xīní | Sydney |

**注释
Notes**

最高气温三十八九度呢。 **The maximum temperature could be 38 or 39 degrees.**

相邻两个数词连用可以表达概数。 **Joining two neighboring numbers is a way to indicate an approximate number.**

语法讲练 Grammar

1. 语气助词"了"（2） The modal particle "了"(2):

语气助词"了"用在句尾有时表示变化或新情况的出现。

When used at the end of a sentence, the modal particle "了" sometimes implies a change or the emergence of some new situation.

例句：

（1）外边刮大风了。（刚才没有刮风）

（2）她有男朋友了。（以前没有男朋友）

（3）来中国以后我胖了。（来中国以前我不胖）

"不……了"也表示变化 "不……了" also implies a change.

例句：

（1）不下雨了。 （刚才下雨）

（2）今天他不咳嗽了。（昨天还咳嗽）

（3）回国以后，我不学汉语了。（在中国我学汉语）

用"……了"或者"不……了"怎么说 How to say with "……了" or "不……了"：

（1）昨天我头疼。今天……。

（2）以前我不工作，现在……。

（3）昨天很凉快，今天……。

（4）刚才我很饿，现在……。

2. 感叹句 Exclamatory sentence:

汉语用"好、真、太"等副词放在形容词或者一些动词前面构成感叹句。感叹句常见的结构是"太……（了）""真……（啊）""好……（啊）"。

In Chinese, the adverbs "好、真、太" can be placed before adjectives and some verbs to form exclamatory sentences. The common patterns of exclamatory sentences are "太…（了）"，"真…（啊）"，"好…（啊）".

例句：

（1）教室里好热啊！

（2）这本书太难了！

（3）外滩的建筑真美！

把下面的句子改成感叹句
Change the following sentences into exclamatory sentences:

（1）这个菜很辣。（真）

_____

（2）今天我很累。（太）

_____

（3）地铁很挤。（好）

_____

3. 无主句：动词+名词 The sentence without a subject: Verb + Noun:

汉语里说明天气等自然现象或者表示祝福的句子没有主语。

In Chinese, sentences which describe some natural phenomena such as weather or sentences or which express wishes do not have subjects.

例句：

（1）下雨了。

（2）刮风了。

（3）祝你新年快乐！

根据图片说句子 Say sentences according to the pictures:

（1）

（2）

（3）

_____   _____   _____

_____   _____   _____

会话实践 Dialogue practice

1. 回答问题 Answer the questions according to the texts:

对话1：

（1）刚才的天气怎么样？现在呢？

（2）上海夏天常下雨吗？热不热？

（3）王小明说最高气温是多少？

（4）悉尼的夏天怎么样？

（5）上海的冬天怎么样？

（6）春天和秋天呢？

对话2：

（1）教室里为什么这么热？

（2）为什么马丁一回房间就不想出去了？

（3）明天天气怎么样？

（4）为什么马丁想开窗户？

2. 分角色表演课文对话

Memorize the dialogues and make a role play with your partners:

3. 活学活用

Make a similar dialogue based on the information given and present it in class:

两人一组结合图片讨论以下问题
Discuss the following questions in pairs according to the picture:

（1）你们在说话的时候，天气有什么变化？

（2）来上海以后，你觉得上海的天气怎么样？

（3）你的家乡（jiāxiāng，hometown）春天、夏天、秋天、冬天的气候（qìhòu，climate）怎么样？（跟上海比较一下）

（4）上海明天的天气怎么样？

根据讨论的内容，模仿课文做一个对话并进行表演。建议包括以下词语和句子
Make a dialogue similar to the texts according to your discussion and then perform it. The following words and sentences can be included:

（1）……了（变化）

（2）不……了

（3）真/好……（啊）；太……了

（4）……天气怎么样？

练习 Exercises

1. 根据课文内容填空 Fill in blanks according to the text:

（1）刚才还是晴天，现在＿＿＿＿＿＿，就要＿＿＿＿＿＿了。

（2）上海夏天常常下雨，最高气温＿＿＿＿＿＿。冬天很少＿＿＿＿＿＿。春天和秋天＿＿＿＿＿＿，不冷也不热。

（3）教室的空调＿＿＿＿＿＿，所以非常热。

（4）天气高温，马丁一回房间＿＿＿＿＿＿。

（5）天气预报说，明天＿＿＿＿＿＿转＿＿＿＿＿＿，＿＿＿＿＿＿到＿＿＿＿＿＿。

2. 看图说话 Describe the pictures with "了":

（1）

（2）

（3）

（4）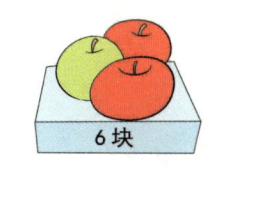
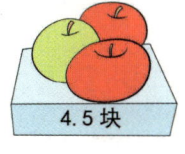

（5）

（6）

3. 看图说话 Describe the pictures with "不……了":

（1）

（2）

（3）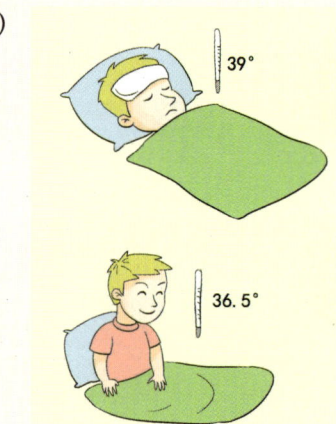

（4）

（5）

（6）

4. 完成对话 Complete the dialogues:

（1）A: 阴天了！

　　　B: _____。（就要……了）

　　　A: _____。（散步　了）

B: 没关系，我们可以明天去。

（2）A: ＿＿＿＿＿＿＿＿＿？ （怎么样）

B: 今天多云，没有雨。

A: ＿＿＿＿＿＿＿＿＿？ （度）

B: 气温是25度到32度。

（3）A: 你对这儿的天气习惯了吗?

B: ＿＿＿＿＿＿，＿＿＿＿＿＿。 （以前 yǐqián, in the past　现在）

A: ＿＿＿＿＿＿＿＿＿？ （怎么样）

B: 这儿夏天不太热，但是很少下雨。

5. 阅读短文并回答问题 Read this passage and answer the questions:

在我的家乡，冬天常常下雪，有时候下得很大。下雪以后，风景（fēngjǐng, scenery）非常漂亮。我喜欢下雪，所以我最喜欢冬天。冬天的最低（dī, low）气温有零下（língxià, minus）二十多度。虽然外面很冷，但是家里很暖和（nuǎnhuo, warm）。夏天的时候，中午很热，早上和晚上都很凉快。晚饭以后，我喜欢出去散散步，很舒服。春天和秋天不冷也不热，不过有时候刮大风。

① 为什么他最喜欢冬天?

② 冬天冷不冷? 家里也冷吗?

③ 夏天怎么样?

④ 夏天他喜欢做什么?

⑤ 春天和秋天天气怎么样?

拓展 Advanced Practice

1. 听写汉字 Dictation:

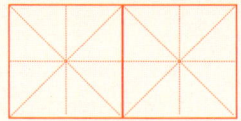  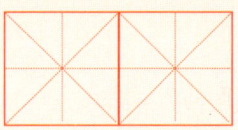 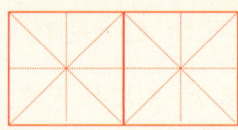

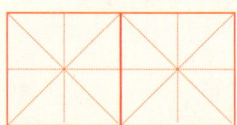 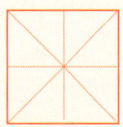 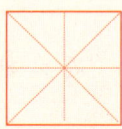 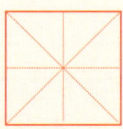

2. 选词填空 Choose the words to complete the sentences:

变化　　转　　修　　舒服　　散步

（1）老师，我觉得不_____，头疼、咳嗽，可能感冒了。

（2）每天晚上吃完晚饭，我都喜欢去外边_____。

（3）自行车坏了，我请朋友帮我_____一下。

（4）这几年上海有不少_____，比以前更漂亮了。

（5）天气预报说，明天阴_____小雪，我们别去外滩了。

3. 完成对话 Complete the dialogue:

A：下雪了！_____？

B：这儿冬天常常下雪，而且有时候下得很大。_____？

A：我的家乡冬天很少下雪，有时候下雨。

B：_____？

A：气温十度到十五度。

B：_____？

A：不常刮大风。

B：你想去公园（gōngyuán, park）看看雪吗？一定很漂亮。

A：对不起，外边太冷了，_____。

B：没关系，我们在宿舍看电影吧。

A：好的。

4. 遇到下面情况，用表示变化的"了"你要怎么说 How to say with "了" which indicates the changes in the following situations:

（1）你想买这个蛋糕，问多少钱。售货员说300块，你觉得太贵了。售货员问你买不买。

_____

（2）昨天你很累，晚上睡得非常好。早上同屋问你还累不累。

_____

（3）你上个月开始戒（jiè, to quit）烟，朋友不知道，他给你烟。

_____

（4）以前你110斤，穿M号的衣服。现在你120斤，穿L号的正合适。朋友问你M号的怎么样？

_____

5. 表达 Expression:

① 播报一下你的家乡今天和明天的天气情况 Broadcast the weather in your hometown today and tomorrow:

② 介绍一个地方不同季节的气候 Talk about the climates of a place in all seasons:

1.

2.

3.

4.

5.

6.

7.

8.

9.

14

Nǐ shuōde yuèláiyuè liúlì le

你说得越来越流利了

谈学习和生活的变化
Talking about the Changes in Study and Life

热身准备 Warming-up

 1. 你来中国多长时间了？ How long have you been to China?

 2. 你的学习怎么样？ How about your study?

 3. 你的生活怎么样？ How about your life?

会话 Dialogue

对话1 **Dialogue 1**

李老师：时间 过得 真 快！大家 在 暑假
Lǐ lǎoshī: Shíjiān guòde zhēn kuài! Dàjiā zài shǔjià
班 学 了 两 个 月 了。
bān xué le liǎng ge yuè le.

卡洛斯：刚 来 的 时候，我 不 会 写 汉字，现
Kǎluòsī: Gāng lái de shíhou, wǒ bú huì xiě Hànzì, xiàn
在 能 写 很 多 汉字 了。
zài néng xiě hěn duō Hànzì le.

马 丁：你 每 天 都 练习 吗？
Mǎdīng: Nǐ měi tiān dōu liànxí ma?

卡洛斯：对，每天 最少 练习 两 个 小时。
Kǎluòsī: Duì, měi tiān zuìshǎo liànxí liǎng ge xiǎoshí.

李老师：你的 汉字 提高得 很 快。
Lǐ lǎoshī: Nǐde Hànzì tígāode hěn kuài.

马 丁：以 前 我 发音 不 准，说得 很 差。我
Mǎ Dīng: Yǐqián wǒ fāyīn bù zhǔn, shuōde hěn chà. Wǒ
觉得 现在 好 一些 了。
juéde xiànzài hǎo yìxiē le.

李老师：你 说得 越来越 流利了，发音也 好 多 了。
Lǐ lǎoshī: Nǐ shuōde yuèláiyuè liúlì le, fāyīn yě hǎo duō le.

Mr. Li: Time flies fast! You have been studying in the summer class for two months.

Carlos: When I first came here, I couldn't write Chinese characters. Now I can write a lot of Chinese characters.

Martin: Do you practice Chinese characters every day?

Carlos: Yes, at least two hours a day.

Mr. Li: You are improving rapidly with Chinese characters.

Martin: My spoken English was poor in the past. I couldn't pronounce well. I feel it's better now.

Mr. Li: You speak more and more fluently. Your pronunciation is much better than before.

卡洛斯：你有 什么 好 方法？
Kǎluòsī: Nǐ yǒu shénme hǎo fāngfǎ?

马 丁：我 每 天 读一个 小时 课文，有 时候
Mǎdīng: Wǒ měi tiān dú yí ge xiǎoshí kèwén, yǒu shíhou
　　　　用 汉语 跟 中国 朋友 聊 一会儿
　　　　yòng Hànyǔ gēn Zhōngguó péngyou liáo yíhuìr
　　　　天。
　　　　tiān.

Carlos: Do you have any good methods?

Martin: I read the text for an hour every day, and sometimes talk to Chinese friends in Chinese for a while.

1.暑假	shǔjià	名 (n.)	summer holiday
2.练习	liànxí	动 (v.)	to practice
		名 (n.)	practice
3.以前	yǐqián	名 (n.)	past; before
4.发音	fāyīn	名 (n.)	pronunciation
		动 (v.)	to pronounce
5.准	zhǔn	形 (adj.)	accurate
6.差	chà	形 (adj.)	bad; terrible
7.流利	liúlì	形 (adj.)	fluent
8.方法	fāngfǎ	名 (n.)	method; way
9.课文	kèwén	名 (n.)	text

对话2　**Dialogue 2**　🎧

李老师：你们 在 上海 的 生活 怎么样？
Lǐ lǎoshī: Nǐmen zài Shànghǎi de shēnghuó zěnmeyàng?

保罗：很 好，我 对 我的 生活 很 满意。
Bǎoluó: Hěn hǎo, wǒ duì wǒde shēnghuó hěn mǎnyì.

李 明 元： 中国 菜 比 韩国 菜 油腻，以前 我
Lǐ Míngyuán: Zhōngguó cài bǐ Hánguó cài yóunì, yǐqián wǒ
　　　　　不 太 喜欢，现在 越 来 越 爱 吃 了。
　　　　　bú tài xǐhuan, xiànzài yuèláiyuè ài chī le.

卡洛斯：刚 来 的 时候，我 不 习惯 上海 的
Kǎluòsī: Gāng lái de shíhou, wǒ bù xíguàn Shànghǎi de
　　　　天气，病 了 一个 星期。现在 已经 习惯 了。
　　　　tiānqì, bìng le yí ge xīngqī. Xiànzài yǐjīng xíguàn le.

李老师：运动 对 身体 有 好处，你 应该 多
Lǐ lǎoshī: Yùndòng duì shēntǐ yǒu hǎochù, nǐ yīnggāi duō
　　　　运动。
　　　　yùndòng.

卡洛斯：对。我 每 天 锻炼 一 个 小时，身体
Kǎluòsī: Duì. Wǒ měi tiān duànliàn yí ge xiǎoshí, shēntǐ
　　　　越 来 越 好 了。
　　　　yuèláiyuè hǎo le.

保罗：我 越来越 喜欢 看 中国 的 电视
Bǎoluó: Wǒ yuèláiyuè xǐhuan kàn Zhōngguó de diànshì
　　　　节目 了。
　　　　jiémù le.

李老师：什么 节目？
Lǐ lǎoshī: Shénme jiémù?

保罗：我 最喜欢 中国 的 电视剧，也 喜欢
BǎoLuó: Wǒ zuì xǐhuan Zhōngguó de diànshìjù, yě xǐhuan
　　　　中国 文化 节目。
　　　　Zhōngguó wénhuà jiémù.

李 明 元：你 觉得 怎么样？
Lǐ Míngyuán: Nǐ juéde zěnmeyàng?

保罗：很 有意思，对 学习 也 有 好处。每 天
BǎoLuó: Hěn yǒuyìsi, duì xuéxí yě yǒu hǎochù. Měi tiān
　　　　看 一 个 小时 的 电视，我的 听力 越来越
　　　　kàn yí ge xiǎoshí de diànshì, wǒde tīnglì yuèláiyuè
　　　　好 了。
　　　　hǎo le.

Mr.Li: How is your life in Shanghai?

Paul: Very good and I'm very satisfied with it.

Li Mingyuan: Chinese food is more oily than Korean food. I didn't like it very much before, but now I love it more and more.

Carlos: When I first came here, I was not used to the weather in Shanghai, and I was sick for one week. Now I'm used to it.

Mr.Li: Doing exercise is good for your health. You should exercise more.

Carlos: Yeah. I exercise for an hour every afternoon, and my body is getting better and better.

Paul: Now I like watching Chinese TV programs more and morc.

Mr.Li: What programs do you like?

Paul: TV series are my favorite, and I also like Chinese cultural programs.

Li Mingyuan: What do you think?

Paul: It's very interesting, also good for study. Watching TV for an hour every day, I'm getting better and better in listening.

10. 满意	mǎnyì	形 (adj.)	satisfied
11. 油腻	yóunì	形 (adj.)	oily
12. 身体	shēntǐ	名 (n.)	body
13. 好处	hǎochù	名 (n.)	advantage
14. 锻炼	duànliàn	动 (v.)	to do physical exercise
15. 电视	diànshìjù	名 (n.)	TV
电视剧	diànshìjù	名 (n.)	TV series
16. 节目	jiémù	名 (n.)	program
17. 听力	tīnglì	名 (n.)	listening

 语法讲练 Grammar

1. 时量补语 The complement of duration:

时量补语表示动作或状态持续的时间，只有表示时段的词语才能充当。动词不带宾语时，时量补语在动词后面。句型是"主语+动词（了/过）+时量补语"。

The complement of duration indicates the duration of an action or state. Only a phrase denoting a period of time can be used as the complement of duration. When the verb doesn't take an object, the complement is placed after the verb. The pattern is "Subject+ verb（了/过）+ the complement of duration".

例句：

（1）我每天练习一个小时。

（2）他病了一个星期。

动词带宾语（宾语不是人称代词）时，宾语放在时量补语后面，它和时量补语之间可以用"的"。句型是"主语+动词（了/过）+时量补语+（的）+宾语"。

When the verb takes an object (not a personal pronoun), the object can be placed after the complement of duration. "的" can be put between the complement and the object. The pattern is "Subject +verb（了/过）+ the complement of duration+（的）+object".

例句：

（1）我每天练习一个小时汉字。

（2）他学了两个小时的汉语。

（3）昨天我睡了八个小时的觉。

如果句尾还有语气助词"了"，表示动作仍在进行。

If the sentence ends with the modal particle "了", it means the action is still going on.

例句：

(1) 我学习了两个小时，现在休息。

　　我学习了两个小时了。（现在还在学）

(2) 他睡了八个小时的觉。（现在不睡了）

　　他睡了八个小时的觉了。（现在还在睡）

选择填空 Choose and fill in the blanks:

八个小时　　三分钟　　十年　　一个星期

(1) 我等了＿＿＿＿＿，服务员就来了。

(2) 他在上海住了＿＿＿＿＿了，非常了解这里。

(3) 每天我睡＿＿＿＿＿觉。

(4) 去年我去北京旅行了＿＿＿＿＿，参观了很多地方。

2. 越来越 more and more...:

"越来越"表示随着时间的发展，事物的程度逐渐发生变化。后面用形容词或者"喜欢、爱、习惯、感兴趣"等动词。

"越来越" indicates that something gradually changes in degree with the progress of time. Adjectives and some verbs such as "喜欢、爱、习惯、感兴趣" are used after it.

例句：

(1) 我的身体越来越好了。

(2) 我越来越喜欢吃中国菜。

选择填空 Choose and fill in the blanks:

越来越冷　　越来越爱看　　越来越习惯　　越来越流利

(1) 你的汉语说得＿＿＿＿＿。

(2) 我对上海的气候＿＿＿＿＿。

(3) 中文小说我＿＿＿＿＿。

(4) 秋天了，天气＿＿＿＿＿。

会话实践 Dialogue practice

1. 回答问题 Answer the questions according to the texts:

对话1：

（1）同学们在暑假班学了多长时间了？

（2）刚来的时候，卡洛斯的汉字怎么样？现在呢？

（3）他每天练习多长时间？

（4）以前马丁的发音怎么样，说得怎么样？现在呢？

（5）他有什么好方法？

对话2：

（1）保罗对上海的生活满意吗？

（2）李明元以前喜欢中国菜吗？为什么？现在呢？

（3）刚来的时候，卡洛斯病了多长时间？为什么？

（4）现在他的身体怎么样？为什么？

（5）保罗越来越喜欢看什么？什么节目？为什么？

2. 分角色表演课文对话

Memorize the dialogues and make a role play with your partners:

3. 活学活用

Make a similar dialogue based on the information given and present it in class:

分组讨论以下问题 Discuss the following questions in groups:

（1）你在这儿学习了多长时间了？

（2）刚来的时候，你的汉语什么方面比较差？

A. 听力不好

B. 不会写汉字

C. 发音不准

D. 说得不流利

E. _____

（3）现在有什么提高？

A. 听力越来越好

B. 现在能写很多汉字

D. 说得越来越流利

D. 发音比以前好多了

（4）下课以后，你怎么学习？

多长时间

A. 练习写汉字   写_____汉字

B. 读课文   读_____课文

C. 听录音   听_____录音（lùyīn, recording）

D. 跟朋友练习口语   练习_____口语（kǒuyǔ, speaking）

E. 看电影或电视   看_____电影 / 电视

F. 看汉语书   看_____汉语书

G. _____

（5）刚来的时候，对这儿的生活有什么不习惯？

A. 菜

B. 天气

C. 宿舍

D. 没有朋友

E. _____

（6）现在习惯了吗？为什么？

根据讨论的内容，模仿课文做一个对话并进行表演。建议包括以下词语和句子
Make a dialogue similar to the texts according to your discussion and then perform it.
The following words and sentences can be included:

（1）······（了）多长时间（了）？

（2）越来越

（3）对······满意

（4）对······有好处

练习 Exercises

1. 根据课文内容填空 Fill in the blanks according to the text:

(1) 卡洛斯每天最少练习＿＿＿＿＿＿汉字，他的汉字提高得很快。

(2) 以前马丁说得＿＿＿＿＿＿，发音＿＿＿＿＿＿。现在说得＿＿＿＿＿＿流利了。

(3) 保罗对这儿的生活＿＿＿＿＿＿。

(4) 李明元越来越＿＿＿＿＿＿。

(5) 以前卡洛斯不习惯＿＿＿＿＿＿，病了＿＿＿＿＿＿。现在身体＿＿＿＿＿＿。

(6) 保罗最喜欢看＿＿＿＿＿＿。他觉得很有意思，而且对学习汉语＿＿＿＿＿＿。

2. 排序 Reorder the words to make sentences:

(1) 很　好处　运动　身体　对　有

＿＿＿＿＿＿＿＿＿＿＿＿＿＿＿＿＿＿＿＿＿

(2) 吃　我　了　二十分钟　早饭

＿＿＿＿＿＿＿＿＿＿＿＿＿＿＿＿＿＿＿＿＿

(3) 上课　听　音乐　以前　我　一会儿

＿＿＿＿＿＿＿＿＿＿＿＿＿＿＿＿＿＿＿＿＿

(4) 了　看　三个小时　了　他　电视

＿＿＿＿＿＿＿＿＿＿＿＿＿＿＿＿＿＿＿＿＿

3. 用所给的词语说出正确的句子
Make proper sentences with complements of duration:

(1) 你＿＿＿＿＿＿＿＿＿＿＿＿＿＿＿，别学了，休息休息吧。　　（学　三个小时）

(2) 我每天＿＿＿＿＿＿＿＿＿＿＿＿＿＿，所以身体越来越好了。　（游泳　一会儿）

(3) 昨天我＿＿＿＿＿＿＿＿＿＿＿＿，所以今天特别累。　　　（睡觉　四个小时）

(4) 你＿＿＿＿＿＿＿＿＿＿＿，别看了，明天还上课呢。　　　（看电影　两个小时）

4. 问答练习
Ask questions about Paul's timetable about yesterday and answer them:

	从	到
吃早饭	7:40	8:00
上汉语课	8:30	12:00
锻炼身体	14:00	15:00
写汉字	15:30	16:30
读课文	16:30	17:00
听录音	17:00	17:30
跟朋友聊天	19:00	20:00
看电视	21:00	22:00
睡觉	23:00	7:00

例句： A：昨天保罗吃了多长时间早饭？

B：昨天他吃了二十分钟早饭。

5. 听后复述　Listen and retell:

拓展 Advanced Practice

1. 听写汉字 Dictation：

 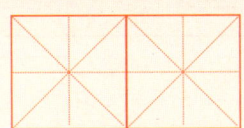 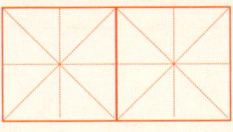 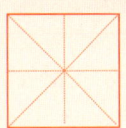 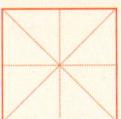

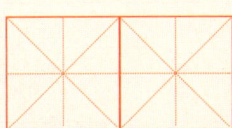 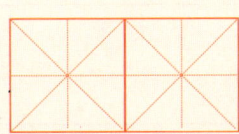 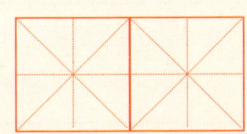

2. 选词填空 Choose the words to complete the sentences：

好处　　满意　　以前　　差　　准

(1) 他想找一个新的工作，因为他对现在的工作不_____。

(2) 对不起，我的听力很_____，请您再说一遍。

(3) 游泳对身体有很多_____。

(4) 有时候天气预报不_____，说今天下雨，但是今天晴天。

(5) 我想回国_____看完这本书。

3. 用所给的词语完成对话 Complete the dialogues with the given words：

(1)　A：你的口语提高了吗？

　　　B：_____，现在说得越来越流利了。（以前）

(2)　A：_____？（多长时间）

　　　B：我来了一年了。

　　　A：_____？（满意）

　　　B：很满意，我觉得这儿的生活很有意思。

(3)　A：_____。（好处）

　　　B：对。昨天下课以后，我去踢足球了。

　　　A：你踢了多长时间？

　　　B：_____。

4. 根据实际情况回答问题
Answer questions according to your actual situations:

（1）从星期一到星期五，你每天上多长时间汉语课？

_____

（2）今天你学了多长时间汉语了？

_____

（3）昨天你睡了多长时间觉？

_____

（4）每天你练习多长时间汉字？

_____

（5）你喜欢看电视吗？昨天看了多长时间电视？

_____

（6）你喜欢锻炼身体吗？每天锻炼多长时间？

_____

5. 表达 Expression:

① 说说这次来中国，你在学习和生活上的变化 Talk about the changes in your study and life after you come to China:

② 说说你从星期一到星期五每天的时间安排和周末的时间安排 Talk about your schedule from Monday to Friday and also the weekends:

15

Zhù dàjiā yílù píng'ān!

祝大家一路平安!

1. 谈打算
Talking about Plans

2. 照相
Taking Photos

3. 道别
Farewell

热身准备 Warming-up

 1.你知道这些地方吗?去过吗? Do you know these places? Have you ever been there?

海南岛
Hǎinándǎo

故宫
Gùgōng

兵马俑
Bīngmǎyǒng

九寨沟
Jiǔzhàigōu

西湖
Xīhú

 2.来中国以后,你去哪儿旅行过? Where have you been in China?

 3.你打算去哪儿旅行? Where do you plan to travel?

会话　Dialogue

对话 1　Dialogue 1　

（在告别晚会上……）
(Zài gàobié wǎnhuì shàng ......)

马丁：杰克，李老师 呢？
Mǎdīng: Jiékè,　Lǐ lǎoshī ne?

杰克：他在 那儿跟 林达 说着 话 呢。
Jiékè:　Tā zài nàr gēn Líndá shuōzhe huà ne.

马丁：哦，我 一会儿 再 过去。
Mǎdīng:　Ò,　wǒ　yíhuìr　zài guòqu.

杰克：马丁，你 什么 时候回 国？
Jiékè:　Mǎdīng,　nǐ shénme shíhou huí guó?

(At the farewell party ...)

Martin: Where's Mr. Li, Jack?

Jack: He's talking to Linda. Over there.

Martin: Well, I'll go there later.

Jack: Martin, when will you go back?

马丁： 还 没 决定。 朋友   邀请 我 去 他的
Mǎdīng: Hái méi juédìng. Péngyou yāoqǐng wǒ qù tāde

公司   工作 一个月。
gōngsī gōngzuò yí ge yuè.

杰克： 什么 公司？
Jiékè: Shénme gōngsī?

马丁： 是一个 文化 公司。你 呢，回国 以前
Mǎdīng: Shì yí ge wénhuà gōngsī. Nǐ ne, huíguó yǐqián

有 什么 打算？
yǒu shénme dǎsuan?

杰克： 我 要 跟几个 朋友 在 中国   旅行。
Jiékè: Wǒ yào gēn jǐ ge péngyou zài Zhōngguó lǚxíng.

马丁： 去 什么 地方？
Mǎdīng: Qù shénme dìfang?

杰克： 我们 打算   先去 海南岛，然后 去
Jiékè: Wǒmen dǎsuan xiān qù Hǎinándǎo, ránhòu qù

四川   九寨沟， 再 到 西安 参观
Sìchuān Jiǔzhàigōu, zài dào Xī'ān cānguān

兵马俑， 最后 从 北京 回 澳大利亚。
Bīngmǎyǒng, zuìhòu cóng Běijīng huí Àodàlìyà.

马丁： 你们 的 旅行 路线 太 棒 了。祝 你 旅途
Mǎdīng: Nǐmen de lǚxíng lùxiàn tài bàng le. Zhù nǐ lǚtú

愉快！
yúkuài!

杰克： 谢谢！
Jiékè: Xièxie!

Martin: Not decided yet. My friend invited me to work at his company for one month.

Jack: What kind of company is it?

Martin: It's a cultural company. What about you? Do you have any plans before going back?

Jack: I'll travel with some friends in China.

Martin: Where will you travel?

Jack: We're going to Hainan Island first, then go to Sichuan Jiuzhaigou, then go to Xi'an to see the terra cotta Army, and finally go back to Australia from Beijing.

Martin: Your itinerary is great. Have a nice trip!

Jack: Thank you.

---

1. 着	zhe	助 (particle)	aspect particle
2. 决定	juédìng	动 (v.)	decide
		名 (n.)	decision
3. 打算	dǎsuàn	动 (v.)	to plan
		名 (n.)	plan
4. 最后	zuìhòu	名 (n.)	finally; last
5. 路线	lùxiàn	名 (n.)	route
6. 旅途	lǚtú	名 (n.)	journey
7. 愉快	yúkuài	形 (adj.)	happy

对话2 Dialogue 2 🎧

马丁：老师，我们 都 喜欢 汉语 课，也 很
Mǎdīng: Lǎoshī, wǒmen dōu xǐhuan Hànyǔ kè, yě hěn
　　　感谢 您的 帮助。希望 您 喜欢 我们
　　　gǎnxiè nínde bāngzhù. Xīwàng nín xǐhuan wǒmen
　　　的 花 和 礼物。
　　　de huā hé lǐwù.

李老师：谢谢 大家！哦，上面 　还 贴着 每个
Lǐ lǎoshī: Xièxie dàjiā! Ò, shàngmian hái tiēzhe měi ge
　　　　人 的 照片 呢，真 漂亮！
　　　　rén de zhàopiàn ne, zhēn piàoliang!

安娜：小明，给 我们 班 照 张 相，好 吗？
Ānnà: Xiǎomíng, gěi wǒmen bān zhào zhāng xiàng, hǎo ma?

王 小明：好！李 老师 拿着 花 站 中间，
Wáng Xiǎomíng: Hǎo! Lǐ lǎoshī názhe huā zhàn zhōngjiān,
　　　　同学们 站 两 边。大家 看着
　　　　tóngxuémen zhàn liǎng biān. Dàjiā kànzhe
　　　　我 一起 说 "茄子"！……照 好 了！
　　　　wǒ yìqǐ shuō: "qiézi"! ...... Zhào hǎo le!

安娜：给 我 看看。嗯，照得 真 好！谢谢！
Ānnà: Gěi wǒ kànkan. èn, zhàode zhēn hǎo! Xièxie!

林达：老师，我 会 继续 学习 汉语，以后 有 机会
Líndá: Lǎoshī, wǒ huì jìxù xuéxí Hànyǔ, yǐhòu yǒu jīhuì
　　　再 来 中国。
　　　zài lái Zhōngguó.

李老师：你们 都 学得 不错，继续 努力，一定
Lǐ lǎoshī: Nǐmen dōu xuéde búcuò, jìxù nǔlì, yídìng
　　　　能 学 好 汉语。
　　　　néng xué hǎo Hànyǔ.

安娜：谢谢 老师！回国 以后，大家 要 常
Ānnà: Xièxie lǎoshī! Huíguó yǐhòu, dàjiā yào cháng
　　　联系 啊。
　　　liánxì a.

Martin: Mr. Li, we all like your Chinese class and thank you very much for your help. We hope you like the flowers and present from us.

Mr. Li: Thank you! Oh, there are everyone's photos on it.

Anna: Xiaoming, could you take a picture of our class?

Wang Xiaoming: Okay. Mr. Li, hold the flowers and stand in the middle, and students stand on both sides. Everyone look at me and say, "Cheese"! Done!

Anna: Let me see. Well, it's really nice! Thank you!

Linda: Mr Li, I will continue studying Chinese and will come to China again if I have a chance.

Mr. Li: You are all good at studying. Keep working hard. You can learn Chinese well.

Anna: Thank you, sir! After returning home, we should always keep in touch.

林达：欢迎　大家 到 秘鲁玩儿！
Líndá: Huānyíng dàjiā dào Bìlǔ wánr!

李老师：祝大家一路平安！
Lǐ lǎoshī: Zhù dàjiā yílù píng'ān!

Linda: Welcome to Peru!

Mr. Li: I wish everyone a safe journey!

8.感谢	gǎnxiè	动(v.)	to thank
9.帮助	bāngzhù	名(n.)	help
		动(v.)	to help
10.贴	tiē	动(v.)	to stick; to paste
11.照片	zhàopiàn	名(n.)	photo
12.照相	zhàoxiàng		to take a photo
13.站	zhàn	动(v.)	to stand
14.中间	zhōngjiān	名(n.)	middle
15.茄子	jiézi	名(n.)	eggplant
16.继续	jìxù	动(v.)	to continue; to go on
17.努力	nǔlì	形(adj.)	hardworking
18.联系	liánxì	动(v.)	to contact; to keep in touch
19.一路平安	yílù píng'ān		have a good journey

专有名词 Proper nouns:

1.海南岛	Hǎinándǎo	Hainan Island
2.九寨沟	Jiǔzhàigōu	Jiuzhaigou Valley
3.兵马俑	Bīngmǎyǒng	Terracotta Army
4.秘鲁	Bìlǔ	Peru

语法讲练 Grammar

1. 动作或状态的持续：动词+着　Indicating the continuation of an action or a state: Verb+着:

动态助词"着"用在动词后面，表示动作或者状态的持续。

The particle "着" is placed directly after the verb to indicate the continuation of an action or a state.

例句：

（1）老师在教室里坐着。

（2）她穿着旗袍。

（3）空调开着。

否定形式是"没/没有+动词+着"。

The negative form is "没/没有+verb+着".

例句：

（1）她没穿着旗袍。

（2）空调没开着。

正反疑问句是"动词+着+没有？"。

The affirmative-negative question is "verb+着+没有？"

例句：

（1）A: 李老师坐着没有？

　　　B: 李老师没坐着，他站着呢。

（2）A: 空调开着没有？

　　　B: 空调开着。

"动词+着"后面跟着另一个动词时，表示第二个动作进行的状态或方式。

When "verb+着" is followed by another verb in a sentence, it indicates the manner or state of the second action.

例句：

（1）我们坐着聊天儿。

（2）李老师拿着花站中间。

选择填空 Choose and fill in the blanks:

贴着　　拿着　　站着　　坐着　　开着

（1）学生们＿＿＿＿＿＿学习，老师＿＿＿＿＿＿上课。

（2）他＿＿＿＿＿＿一本书。

（3）信（xìn, letter）上＿＿＿＿＿＿一张照片。

（4）门＿＿＿＿＿＿呢，我们进去吧。

2. 动作的顺序：先……，再……，然后……，最后……   The order of actions:

The order of actions: 先（first）……，再（and then）……，然后（and then）……，最后（finally）……．

例句：我先吃饭，再去买东西，然后锻炼身体，最后回宿舍学习。

说句子 Say sentences：

（1）今天晚上我打算先_____，再_____，然后_____，最后_____。

（2）星期六我打算先_____，然后_____，再_____，最后_____。

 会话实践 Dialogue practice

1. 回答问题 Answer the questions according to the texts:

对话1：

（1）马丁决定什么时候回国了吗？为什么？

（2）杰克回国以前有什么打算？

（3）他的旅行路线是什么？

（4）马丁觉得杰克的旅行路线怎么样？

对话2：

（1）同学们送给李老师什么？

（2）礼物上贴着什么？

（3）谁给他们班照相？

（4）照相的时候，李老师站哪儿？同学们呢？

（5）林达有什么打算？

2. 分角色表演课文对话

Memorize the dialogues and make a role play with your partners:

3. 活学活用

Make a similar dialogue based on the information given and present it in class:

分组讨论以下问题 Discuss the following questions in groups:

（1）你打算什么时候回国？

（2）回国以前，你有什么打算？

　　　A.旅行　　　B. 工作　　　C.给家人和朋友买东西　　　D.看朋友　　　E._____

　　　你打算怎么做？（先……，再……，然后……，最后……）

（3）在告别（gàobié, farewell）的时候，你们班同学和老师一起照相，怎么站？

（4）在告别的时候，你想对老师说什么？

　　　A.很喜欢您的课，感谢您的帮助

　　　B.汉语水平提高了，对汉语更感兴趣了

　　　C.在这里学习和生活得非常愉快

　　　D.会继续学习汉语，以后有机会再来中国

　　　E._____

（5）在告别的时候，你想对同学们说什么？

　　　A.回国以后，要常联系啊。

　　　B.欢迎你们来……玩儿。我带你们去参观……

　　　C.我们会继续努力，学好汉语！

　　　D.真高兴认识你（们），我会想你们的。

　　　E.祝你（们）一路平安。/祝你（们）旅途愉快！/祝你（们）一切（yíqiè, everything）顺利！

　　　F._____

根据讨论的内容，模仿课文做一个对话并进行表演。建议包括以下词语和句子

Make a dialogue similar to the texts according to your discussion and then perform it. The following words and sentences can be included:

（1）回国以前有什么打算？

（2）先……，再……，然后……，最后……

（3）V 着

（4）V1着V2

练习 Exercises

1. 根据课文内容填空 Fill in the blanks according to the text:

（1）杰克打算在中国_____，先去_____，然后去_____九寨沟，再到西安参观_____，最后从_____回澳大利亚。

（2）同学们送给李老师_____和_____，感谢她的_____。

（3）照相的时候，李老师_____站中间，同学们站_____。

（4）林达打算_____学习汉语，以后_____再来中国。

（5）李老师祝大家_____。

2. 看图说话 Describe the pictures with "V着":

（1）

A: 他们上着课吗？

B: _____，_____。

（2）

A: 窗户关着没有？（guān, to close）

B: _____，_____。

（3）

A: 他开着车吗？

B: _____，_____。

（4）

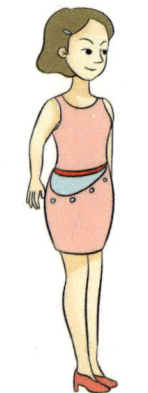

A: 她穿着旗袍没有？

B: _____，_____。

3. 看图说话 Describe the pictures with "V1着V2":

（1）

（2）

（3）

（4）

4. 阅读短文回答问题 Read this passage and answer the questions:

　　下午我去找杰克的时候，他正听着录音（lùyīn, recording）读课文呢。他读了半个小时课文，然后练习了一个小时汉字。杰克说他打算考HSK，所以要努力准备。学习完以后，他很累。我们听着音乐休息了一会儿。我问他去不去我们班的最后一次晚会。他说当然去，他还给老师和每个同学准备了礼物呢。我们决定晚上六点一起去，然后我就回家了，杰克在宿舍里继续学习。

问题：

（1）我去杰克宿舍的时候，他在做什么？

（2）杰克努力准备什么？

（3）我们怎么休息的？

（4）我回家以后，杰克做什么？

5. 表达 Expression:

把第4题改成一个对话并表演。Change Exercise 4 into a dialogue and perform it.

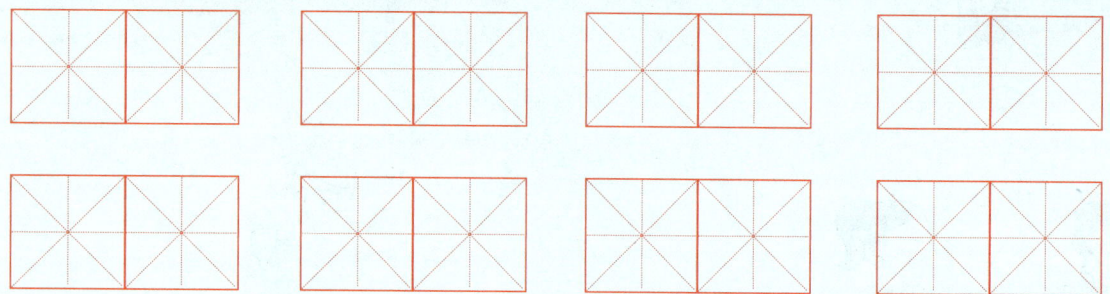

拓展 Advanced Practice

1. 听写汉字 Dictation:

2. 选词填空 Choose the words to complete the sentences:

决定   然后   帮助   继续   联系

（1）你有问题就_____我，这是我的微信号和手机号。

（2）我不懂这个问题的意思，你可以_____我吗？

（3）周末去逛街还是去看电影，我还没_____。

（4）我们先去体育馆锻炼身体，_____一起吃晚饭，怎么样？

（5）我很喜欢这个公司，想_____在这儿工作。

3. 选词填空 Choose the words to fill in the blanks:

A. 着   了   过

（1）昨天我去找他的时候，他正吃_____饭呢。

（2）我没去_____他家，不知道在哪儿。

（3）昨天我看_____一个小时电视剧。

B. 然后   以后

（1）你决定旅行的路线，_____给我打电话。

（2）我打算_____当汉语翻译。

（3）来中国_____，我对中国文化越来越感兴趣了。

4. 完成对话 Complete the dialogues:

（1）　A: _____?

　　　B: 我还没决定呢。可能下个星期六回去。

　　　A: _____?

　　　B: 回国以前我打算去上海周围（zhōuwéi, surrounding）的城市旅行。

　　　A: 去什么地方？

　　　B: 我先_____，然后_____，再_____，最后_____。

　　　A: 你的旅行路线真棒！_____!

　　　B: 谢谢你！你有什么打算？

　　　A: _____。

（2）　A: 您好！_____?

　　　B: 没问题。你们看着这里，笑一笑(xiào, to smile)，照好了！你看一下吧。

　　　A: _____。谢谢您啦！

（3）　A: 就要回国了，我会想你们的。

　　　B: _____!

　　　A: 一定，发微信、发邮件都行。

　　　B: _____!

　　　A: 谢谢！有机会我一定去法国看你。_____!

　　　B: 也祝你一路顺利！

5. 表达 Expression:

① 说说你回国以前的打算和回国以后的打算 Talk about your plans before and after you come back home

② 就要说"再见"了，如果请你给老师或同学们写一封信，你想说什么？Time to say goodbye! If you want to write a letter to your teacher and classmates, what would you like to say?

1.

2.

3.

4.

5.

6.

7.

8.

9.

参考答案

第1课

语法讲练：

1. 选择填空并回答：

（1）有没有　（2）来不来　（3）难不难　（4）认识不认识

2. 连线组句：

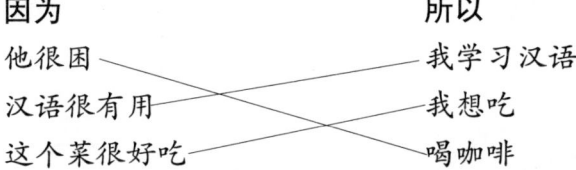

因为　　　　　　　　　　　所以

他很困　　　　　　　　　　我学习汉语

汉语很有用　　　　　　　　我想吃

这个菜很好吃　　　　　　　喝咖啡

练习：

3. 看图说话：

（1）他们在咖啡馆喝咖啡。
（2）他在图书馆看书。
（3）她在银行/办公室工作。
（4）他们在商店买东西。

拓展：

1. 听写汉字：

发　方便　专业　当　希望　因为　有用

2. 选词填空：

（1）希望　（2）发　（3）还　（4）专业　（5）方便

第2课

语法讲练：

1. 选择填空：

（1）甜一点儿　（2）大一点儿　（3）便宜一点儿　（4）少一点儿

（1）有点儿多　（2）有点儿难　（3）有点儿远　（4）有点儿辣

2．连线组句：

这家饭店 ——— 又有用又有意思
他觉得 ——— 又困又累
我的书 ——— 又好吃又便宜

3．选择填空：

从大学回家　　从上海去美国
从家来教室　　从这儿去南京路

练习：

2．用"有点儿"或"一点儿"填空：

（1）一点儿　（2）有点儿　（3）有点儿；一点儿　（4）有点儿；一点儿

4．阅读短文并回答问题：

（1）在我家附近。
（2）他们有牛排、海鲜、比萨什么的。
（3）我最喜欢吃牛排。
（4）我觉得那个西餐厅有点儿贵，味道很好。

拓展：

1．听写汉字：

各种　附近　味道　近　从　对面

2．选词填空：

（1）各种；什么的　　（2）从　　（3）比较　　（4）远

第3课

语法讲练：

1．选择填空：

（1）早上八点　（2）星期六　（3）常常

2. ①连线并造句：

去书店 —— 买英语书
来中国 —— 工作
回宿舍 —— 休息
去外滩 —— 参观

②选择填空：

（1）走路　（2）坐出租车　（3）坐飞机

练习：

2. 排序：

（1）明天上午我们去南京路逛街。/ 我们明天上午去南京路逛街。
（2）你什么时候回家？
（3）他常常去食堂吃饭。
（4）今天我坐出租车来大学。

拓展：

1. 听写汉字：

准时　完　离　大约　走路　宿舍　然后

2. 选词填空：

（1）大约　（2）遍　（3）准时　（4）离　（5）完

第4课

语法讲练：

1. 选择填空：

（1）汉字写得非常漂亮　（2）饭吃得比较多　（3）说得太快　（4）唱得很好

2. 用所给的词语造句：

略

3. 连线组句：

虽然	但是
他是巴西人	有意思
今天星期六	不会踢足球
这本书很难	说得马马虎虎
我会说法语	我去工作

练习：

2. 排序：

（1）李老师对跳舞感兴趣。

（2）你汉字写得很漂亮。

（3）他游泳游得不快。

（4）我来得比较早。

6. 听后复述：

我的爱好是运动和音乐。业余时间我常常游泳、听音乐和唱歌。我游泳游得不太快。虽然我喜欢中文歌，但是唱得马马虎虎。今天下午我去跳舞。我跳舞跳得很好。

拓展：

1. 听写汉字：

爱好　运动　特别　唱歌　快　当然　最近　音乐

2. 选词填空：

（1）教　（2）特别　（3）业余　（4）有时候　（5）兴趣

第5课

语法讲练：

1. 选择填空：

（1）问问　（2）看看　（3）休息休息　（4）听听

2. 选择填空：

（1）或者　（2）或者　（3）还是

练习:

3. 根据划线部分用疑问代词提问:

(1) 你们在哪儿见面?

(2) 你怎么去游泳馆?

(3) 他什么时候去银行?

(4) 那家饭店怎么样?

(5) 晚上你做什么?

5. 阅读短文并回答问题:

(1) 他周末常常跟朋友一起玩儿。

(2) 他喜欢走走看看。因为上海有很多好玩儿的地方。

(3) 因为他今天有点儿累,所以不想去。

(4) 明天晚上八点去。

(5) 在图书馆门口见面。

拓展:

1. 听写汉字:

跟　有空儿　一起　见面　以后　聊天儿　可能

2. 选词填空:

(1) 以后　(2) 一起　(3) 跟　(4) 有空儿　(5) 真

第6课

语法讲练:

1.

略

2. 连线并说句子 Match and then tell sentences:

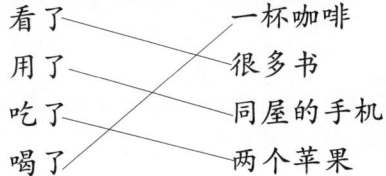

看了　　　一杯咖啡
用了　　　很多书
吃了　　　同屋的手机
喝了　　　两个苹果

练习：

略

拓展：

1. 听写汉字：

接　厉害　已经　应该　按时　不过　医院　睡觉

2. 选词填空：

（1）应该　（2）按时　（3）厉害　（4）不过　（5）已经

3. 把"了"放在句中合适的位置

（1）C　（2）A　（3）A　（4）A

第7课

语法讲练：

1. 选择填空：

（1）就要　（2）就要/快要　（3）就要　（4）就要/快要

2. 连线并说句子：

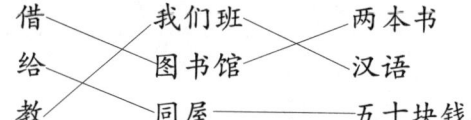

练习：

2. 组句：

（1）我问李老师一个问题。/ 李老师问我一个问题。

（2）谁教你们班汉语？

（3）安娜给我她的笔。

（4）你可以借我十块钱吗？/ 你借我十块钱，可以吗？

5. 听后复述：

　　今天下午我去跟老师请假了。我姐姐明天就要来上海了。我要去机场接她。后天我们一起坐飞机去广州。明天和后天我都不能上课。老师说可以请假，但是要填一张请假条。明天下课以后，我去415办公室拿。

拓展：

1. 听写汉字：

拿　马上　打扰　考试　借　还　麻烦　准备

2. 选词填空：

（1）准备　（2）借　（3）打扰　（4）事儿　（5）马上　（6）拿

第8课

语法讲练：

1. 选择填空：

（1）请　（2）让　（3）派

2. 选择填空：

（1）就　（2）就　（3）才　（4）才

练习：

2. 排序：

（1）办公室让学生们带护照。
（2）他八点半才来教室。/ 八点半他才来教室。
（3）我请老师教汉字。
（4）同屋让我帮他买咖啡。

3. 根据下面的情景，用"就"或"才"说句子：

（1）我常常12点才睡觉。
（2）他20岁就来中国了。
（3）我一个星期就看完了这本书。
（4）我听了三遍才听懂了这个词。

5. 阅读短文并回答问题：

（1）因为取行李的人比较多，行李检查也比较慢。
（2）让小王等了很久，我觉得抱歉。

（3）小王在一个IT公司工作。这个工作很辛苦。

（4）这次能在北京见面，我们特别高兴。

拓展：

1. 听写汉字：

着急　陪　别　久　取　让　派　公司

2. 选词填空：

（1）陪　（2）别　（3）帮　（4）着急　（5）取

第9课

语法讲练：

1. 用"来"或"去"完成对话：

（1）来；去　　（2）去；来　　（3）去；来；去

2. 连线并说句子

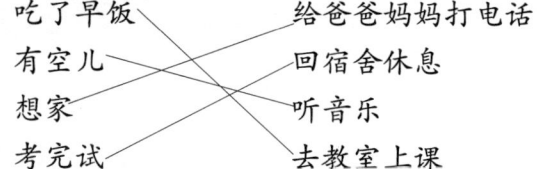

练习：

2. 朗读对话并在图中标出说话人A和B的位置：

（1）A在楼上　　　　B在楼下

（2）A在家里　　　　B在家外

（3）A在这边　　　　B在这边

（4）A在房间里　　　　B在房间外

3. 看图说话：

（1）他进教室来了。　　（2）她上楼去了。

（3）他们下山来了。　　（4）她回宾馆去了。

5. 阅读并回答问题：

（1）杰克住标准单人房。房间号是1206号。
（2）他住四晚。8月9号退房。
（3）400元押金。
（4）他用信用卡付钱。

拓展：

1. 听写汉字：

预定 办理 入住 查 房间 包括 送 电梯

2. 选词填空：

（1）付 （2）预订 （3）查 （4）包括 （5）办理

- -

第10课

语法讲练：

1.

略

2. 用"不但…而且…"说句子：

（1）他不但会游泳，而且游得很快。
（2）她不但喜欢吃中国菜，而且会做中国菜。
（3）那个点心不但很好看，而且非常好吃。
（4）不但我足球踢得很好，而且我哥哥踢得也很好。

练习：

5. 阅读短文并回答：

（1）他是今年三月来北京的。
（2）他是来工作的。
（3）不但方便，而且很便宜。
（4）他去上海了。
（5）不是，他是去出差的。

拓展:

1. 听写汉字:

旅行 生活 习惯 挺 机会 了解 情况 顺利

2. 选词填空:

（1）挺 （2）了解 （3）习惯 （4）挤 （5）情况

第11课

语法讲练:

1. 选择填空，然后改写成否定句:

（1）借过 （2）参观过 （3）教过 （4）喝过

2. 把动量补语放在句中正确的位置:

（1）B （2）C （3）C （4）B

练习:

2. 排序:

（1）我参观过两次东方明珠。
（2）昨天他找过我一次。/ 昨天我找过他一次。
（3）马丁给安娜发了三次微信。/ 安娜给马丁发了三次微信。
（4）老师让学生写十遍汉字。

3. 选择填空:

A.（1）过 （2）过；过 （3）了 （4）了
B.（1）遍 （2）次 （3）遍

5. 听后复述:

　　昨天安娜邀请我看了一个中国电影。我没看过中国电影，这是第一次。电影很精彩。音乐也不错。我想周末再看一遍。安娜看过京剧表演，她觉得又好看又好听。以后有机会，我一定要看一次京剧。

拓展：

1. 听写汉字：

特色　传统　精彩　热闹　邀请　读　意思　经历

2. 选词填空：

（1）邀请　（2）意思　（3）热闹　（4）精彩　（5）特色

第12课

语法讲练：

选择填空：

（1）多5个学生　（2）便宜10块钱　（3）小3岁　（4）早两个小时

练习：

5. 听后复述：

　　我哥哥比我大三岁。他比我胖一点儿。他比我高很多。他汉语说得比我好多了。他高中就开始学汉语了。哥哥汉字也写得比我好。现在他在大学学习翻译专业。以后他想来中国工作。

拓展：

1. 听写汉字：

样子　穿　试　打折　合适　礼物　颜色　开始

2. 选词填空

（1）试　（2）多　（3）样子　（4）穿　（5）合适　（6）打折

第13课

语法讲练：

略

练习：

2.看图说话：

（1）阴天了。　　　　（2）下雪了。　　　　（3）她瘦了。

（4）苹果便宜了。　　（5）他困了　　　　　（6）人多了。

3.看图说话：

（1）不下雨了。　　　（2）不堵车了。　　　（3）他不发烧了。

（4）不刮风了。　　　（5）他不饿了。　　　（6）她不看电视了。

5.阅读短文并回答问题：

（1）因为他喜欢下雪，所以喜欢冬天。

（2）冬天很冷，家里很暖和。

（3）夏天的时候，中午很热；早上和晚上都很凉快。

（4）我喜欢出去散散步。

（5）春天和秋天不冷也不热，不过有时候刮大风。

拓展：

1.听写汉字：

刚才 变化　转　修　舒服　散步　坏　刮风

2.选词填空：

（1）舒服　　（2）散步　　（3）修　　（4）变化　　（5）转

第14课

语法讲练：

1.选择填空：

（1）三分钟　　（2）十年　　（3）八个小时　　（4）一个星期

2.选择填空：

（1）越来越流利　　（2）越来越习惯　　（3）越来越爱看　　（4）越来越冷

2. 排序

（1）运动对身体很有好处。
（2）我吃了二十分钟早饭。
（3）上课以前我听一会儿音乐。
（4）他看了三个小时电视了。

5. 听后复述:

　　我在上海住了五个月了，我对现在的生活很满意。刚来的时候，我不习惯吃中国菜，现在越来越喜欢吃了。上午我上三个小时汉语课。下午我去锻炼身体，或者休息一会儿。晚上我练习一个小时汉字，听半个小时录音。学习以后，我看一会儿电视。我喜欢看中国电视剧。有时候看一个小时，有时候看两个小时。晚上十一点睡觉。

拓展:

1. 听写汉字:

好处　满意　以前　差　准　流利　节目　锻炼

2. 选词填空:

（1）满意　（2）差　（3）好处　（4）准　（5）以前

第15课

语法讲练:

1. 选择填空:

（1）坐着；站着　（2）拿着　（3）贴着　（4）开着

练习:

3. 看图说话:

（1）他听着音乐锻炼。　　（2）他们看着电视吃饭。
（3）她们坐着聊天。　　　（4）他拿着手机照相。

4. 阅读短文并回答问题:

（1）他听着录音读课文呢。
（2）他努力准备HSK考试。

（3）我们听着音乐休息。

（4）杰克在宿舍里继续学习。

拓展：

1. 听写汉字：

决定　打算　帮助　继续　联系　照相　努力　愉快

2. 选词填空：

（1）联系　（2）帮助　（3）决定　（4）然后　（5）继续

3. 选词填空

A.（1）着　（2）过　（3）了

B.（1）然后　（2）以后　（3）以后